삶의 풍경을 설계하다

가든 디자이너

garden designer

삶의 풍경을 설계하다
가든 디자이너
ⓒ 강혜주 2016

초판 1쇄	2016년	5월	9일
초판 3쇄	2023년	12월	8일

지은이   강혜주

출판책임	박성규	펴낸이	이정원
편집주간	선우미정	펴낸곳	도서출판 들녘
기획이사	이지윤	등록일자	1987년 12월 12일
편집	이동하·이수연·김혜민	등록번호	10-156
디자인	하민우·고유단	주소	경기도 파주시 회동길 198
마케팅	전병우	전화	031-955-7374 (대표)
경영지원	김은주·나수정		031-955-7381 (편집)
제작관리	구법모	팩스	031-955-7393
물류관리	엄철용	이메일	dulnyouk@dulnyouk.co.kr

ISBN	979-11-5925-146-7(14370)
	978-89-7527-648-4(세트)

푸른들녘 미래탐색 009 가든디자이너

삶 의 풍 경 을 설 계 하 다

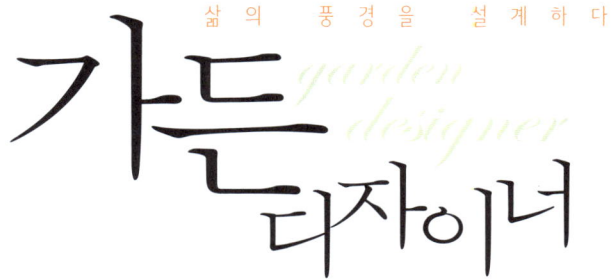

가든
디자이너

강혜주 지음

들녘

늘 새로운 꽃처럼

처음 들녘출판사에서 원고 청탁을 받았을 땐 "그냥 쓰면 되겠지" 했는데, 막상 글을 써내려가다 보니 "멋모르고 한다고 했구먼…" 싶은 마음이 들었습니다. 그러나 이내 처음 가든 디자이너의 길에 들어섰을 때처럼 아무것도 모르고 출발했던 용감한 시절이 있었기에 지금의 내가 있다는 생각이 들었어요. "그래, 내 이야기를 들려주자!" 마음을 다잡은 지금은 '어쭙잖은 경험과 경력으로 쓴 글이 내용이 알찬 책이 될 수 있을지' 하는 우려 반, '책이 예쁘게 잘 나올까?' 하는 기대 반의 심정으로 지내고 있습니다.

많은 사람들의 지도와 안내, 그리고 옆에서 함께 성장한 동행이 있었기에 여기까지 올 수 있었습니다. 이 책이 나온 것도 내용을 기획하고, 제가 쓴 글을 편집하고, 사진을 하나하나 살펴준 들녘출판사 편집팀의 도움이 있었기에 가능했습니다.

아카데미 시상식 정도의 소감 발표는 아니지만 제게도 고마움을 표현할 기회가 왔네요. 왠지 촌스러운 것 같고 부끄럽지만 지금의 제가 있도록 도움을 주신 분들께 감사의 마음을 전하고 싶습니다.

파트너인 ㈜플로시스 김재용, 무엇이든 다 만들어주는 명장 이기수, 나와 함께 출발한 동행이자 나의 꽃 선생님 홍지연, 오랜 시간 현장에서 있었던 일들을 연재할 기회를 준 《전원속의 내집》이세정, 작업 과정과 결과물을 멋진 사진으로 담아주신 변종석, 현장에서 동고동락한 강성군, 실장님을 비롯한 팀원들 모두 감사합니다.

끝으로 엄마의 돌봄 없이 커준 두 딸, 그림과 자연을 좋아하는 삶의 DNA를 물려주신 어머니, 내가 잘 되기를 기도해준 많은 친구들… 고맙고 사랑합니다. 제가 진정 사랑하는 것을 제대로 사랑하기 위해 나 자신과 내가 하고 있는 일까지 사랑합니다.

올 봄에 피는 꽃은 작년에 핀 그 꽃이 아닙니다. 새로운 꽃이지요. 저도, 여러분도 늘 새롭기를 희망하며….

2016년 새 꽃이 피기 시작하는 4월에
지구 마을에서, 지구 지킴이 강혜주

|차례|

옹이와 무늬 결이 예쁜 어린 나무들에게

안녕하세요. 가든 디자이너 강혜주입니다.

이 책을 펼쳐든 여러분은 분명 가든 디자인에 관심과 궁금증이 많은 친구들일 거예요. 만나서 정말 반갑습니다.

저는 사실 처음부터 가든 디자이너가 아니었어요. 미대를 나와 미술학원을 운영하며 아이들을 가르치고, 작품을 하던 사람이었죠. 그러다가 우연한 기회에 가든 디자인의 세계를 접하게 되었고, 그 이후 제 삶의 방향도 완전히 바뀌었답니다. 새로운 세상을 만나 멋진 인생의 문을 열게 되었지요. 그 이야기를 여러분과 함께 나누려고 합니다.

어느 대안학교에서 직업 체험 프로그램의 일환으로 학부모의 사업장이나 일터로 학생들을 보냈는데, 견학 후에 "이런 일인 줄 몰랐어요"라며 꿈을 바꾸거나 포기한 학생들이 많았다고 해요. 현실은 우리의 상상과는 다릅니다. 그렇기에 여러분이 나아가고자 하는 미래를 짧게라도 체험해보고 선택하는 것은 합리적인 방법이 될 수 있죠. 하지만 단순히 짧은 기간 동안 본 것이 전부가 아니라는 점도 알고 있어야 해요. 우리는 대개 보고 싶은 것만 보거나 자신에게 입력된 코드로 상황을 이해하려 들거든요. 달을 보라는데 달을 가리키는 손가락만 쳐다보는 것처럼 말이죠.

저 또한 여러분에게 잘못된 선입견이나 과한 기대감을 주게 되는 것은 아닐까 여러 가지 우려와 걱정이 드는데요. 친구를 사귈 때도 첫인상과 다른 면을 보고 사이가 깊어지는 경우가 있잖아요? 그러니 이 책을 가든 디자인의 모든 것을 알려주는 완벽한 가이드라 생각하지 마시고 가든 디자이너의 세계를 즐겁게 맛보는 기회라 여겨주셨으면 합니다.

제 딸이 중학생일 때였어요. 연천 허브빌리지에서 드넓게 펼쳐진 임진 강을 따라 이어지는 연못을 보면서 말하더군요. "엄마, 나는 사람들에게 기쁨을 주는 '이런 일'을 할 거야." '조경을 하겠다는 건가, 아님 환경 미술 가가 되려나?' 딸이 이야기한 '이런 일'이 무엇인지 찾아보다 그 일이 가든 디자인이라는 것을 알게 되었어요. 그랬던 딸은 제가 일하는 현장에 와서 꽃을 심어보고는 "엄마, 난 쪼그리고 앉아 꽃을 심는 섬세한 일은 안 맞는 것 같아"라며 지금은 다른 꿈을 향해 달려가고 있답니다.

가든 디자인이라는 일에는 정원을 디자인하고 만들어내는 수많은 과정 이 포함됩니다. 전국의 현장을 누비며 공간의 변화를 이끌어내고, 의뢰인 의 소망을 실현하면서 자연과의 조화도 생각하죠. 각 단계별 전문과들과 공조해 결과물을 만들어내는 만큼 다채로운 작업이 이어집니다. 그중 꽃 심기는 5분의 1정도의 비중에 불과한데 딸아이에겐 그날의 꽃 심기가 단 조롭게 느껴진 모양입니다. 본격적으로 일을 시작해보면 꽃을 심는 것에 도 깊이 고려해야 할 사항들이 많은데 말이죠.

하지만 저는 과정을 설명하며 다시 생각해보라고 강요하지 않았어요. 우리는 옆에서 누가 뭐라고 해도 자신이 본 것과 겪은 것을 최우선으로 믿게 마련이니까요. 또 우연 같은 사소함에 우리의 운명은 끊임없이 변할 테고요.

이 책은 가든 디자인이라는 일에 대해 가든 디자이너로서 제가 보고 겪은 개인적이고 단편적인 경험과 시각을 모은 것입니다. 가든 디자이너의 세계로 들어가는 여러 가지 길 중 하나를 보여드리는 것이지요. 한 가지 주제를 놓고 사람마다 풀어나가는 형태가 다르듯이 저마다의 방법론과 철학이 있으니까요. 이 책이 여러분에게 어떤 우연의 힘을 전해줄지 모르겠기에 기도하는 마음으로 써내려갔습니다.

내가 좋아하는 것, 내가 잘 할 수 있는 것, 내게 간절한 것을 찾은 사람은 행운아입니다. 이런 사람들은 대개 '오늘 하루'를 행복하게 보내지요. 자신이 꿈꾸는 삶에 이미 발을 들여놓은 셈이니까요. 여러분, 미래란 어느 날 갑자기 찾아오는 게 아니라 오늘이 차곡차곡 모여 만들어지는 거라 생각합니다. 그러니까 지금 이 글을 읽고 있는 여러분은 이미 가든 디자이너의 세계에 들어온 거나 다름없어요.

가드닝은 지구의 한 뼘씩을 아름답게 바꾸어나가는 일입니다. 갈수록 삭막해지고 기계화되는 문명에 자연을 불어 넣고, 사회로부터 분리된 외로운 사람들의 마음을 보살펴주는 일이지요. 씨앗을 심고, 싹이 트기를 기다리고, 꽃과 열매를 가꾸면서 자연의 순리와 견디는 힘을 배우는 학문입니다.

다음 세대는 전 세대가 놓치고 살아온 자연을 인공적으로라도 누리고 보존하려는 길을 모색할 것입니다. 잃어버리고 나서야 잃은 것의 소중함을 깨닫게 마련이거든요. 그래서 이 직업은 100년 뒤에도 없어지지 않을 미래지향적 직업입니다. 가드닝은 기계가 대체할 수 없는 사람의 감성 영역이에요. 나아가 인간성 회복의 열쇠이자 철학적 사색의 문이 되어줄 것입니다.

회색빛 콘크리트 정글에서 지친 마음을 위로하고 관계의 소중함을 일깨우는 정원 문화가 성숙되기를…. 그리고 아름다운 정원에서 가드닝을 통해 협업과 책임감을 체득하며 몸으로 하는 놀이, 정서·문화적 안정감을 갖게 하는 예술 수업을 중요시하는 그런 날이 오기를 꿈꿔봅니다.

마지막으로 이 책을 읽는 미래의 가든 디자이너 후배들이 옹이와 무늬결이 예쁜 나무로 자라 우리나라 정원의 새로운 스타일을 만들어 세계적으로 발전시켜주길 바라는 마음입니다.

I. 우리 정원의 발자취

1

꽃과 나무를
가꾸는 사람들

가든 디자이너와 조경가

가든garden은 우리가 흔히 사용하는 '정원庭園'이라는 말과 통합니다. 그런데 이 단어가 처음 우리나라에 도입되었을 때 조금 다른 의미로 사용되기도 했어요. 불과 몇 년 전만 해도 불고기 집 같은 식당을 칭할 때 '가든'이라는 말을 썼거든요. 서양의 가든파티 문화를 접하고 단어가 풍기는 행복한 느낌 때문에 음식점들이 이 말을 빌려온 모양입니다. 이 책에서는 '가든'과 '정원' 두 단어를 혼용할 거예요. 그러니 가든이라는 말이 나와도 숯불화로 고기집 말고 아름다운 뜰과 정원을 떠올려주세요.

　가드닝gardening은 정원의 꽃과 나무를 가꾸는 일입니다. 가드너 gardener는 정원사와 같은 의미로 정원을 가꾸는 사람을 말해요. 정원사는 식물의 생리와 토양 환경에 맞게 식재植栽*하고 가꾸는 일을 합니다. 가든 디자인garden design은 정원이라는 공간에 환경적·조형적·미적인 가치

---

* 식물을 심고 재배함

뉴욕 맨해튼에 위치한 센트럴파크(Central Park).
디자이너 프레더릭 로 옴스테드(Frederick Law Olmsted)와
건축가 캘버트 복스(Calvert Vaux)가 디자인한 도시 공원입니다.

를 부여하는 작업이에요. 땅 모양을 설계하고, 생태 조건에 맞는 식물을 공간별로 배치하면서 이를 실현할 수 있는 기술적인 부분까지 고려하여 설계하는 일이죠. 공간 디자인, 식물(식재) 디자인 후 시공 단계를 거쳐 정원의 완성과 관리에도 관여하는 사람을 가든 디자이너garden designer, 조경가landscape architecture라고 부릅니다.

조경造景은 경관(풍경)을 만든다는 의미인데요. 1876년 미국에서는 산업사회의 여파로 훼손된 환경을 개선하고, 노동자들이 여가를 즐길 수 있는 공간을 조성하기 위해 센트럴파크라는 도시공원park을 만듭니다. 이때 공공성의 자각과 경관을 중시하는 풍조가 생겨나면서 '경관을 만든다'는 의미로 조경이라는 용어가 정립되었답니다.

> 정원은 사람이 식물을 가꾸며 참여하는 기능이 크고, 주로 사적인 공간입니다. 반면 조경은 공적으로 개방된 공간인데요, 바라보며 감상하는 휴식 공간의 기능이 크다고 할 수 있죠.

공원의 다양한 형태

산업사회 이전 정원은 다분히 귀족적이고 권력 지향적이었어요. 왕족과 귀족의 성을 중심으로 그들의 사냥터이자 농장이며 쉼터 역할을 했지요. 그런 점에서 시민을 위한 공간이라는 '공공성'을 강조한 공원(공적인 정원)이야말로 계층 간 이동을 가져온 근대 의식의 발로라 할 수 있습니다.

19세기에 들어서며 정원이 일반인들을 위한 쉼터로 파격적인 변화를 맞았다면 디자인이란 말도 산업사회로 넘어가는 시기에 등장한 근대적 용어입니다. 사회 구조의 지각 변동과 함께 인문·철학·예술 분야에서 변화가 이루어졌듯 정원의 형태와 본질도 역사의 흐름을 탄 것이죠.

공원의 형태는 두 가지로 나뉩니다. 먼저 자연보호와 환경보존이 목적인 자연 공원인데요. 자연 녹지의 풍경을 있는 그대로 감상할 수 있도록

우리나라는 1967년 지정된 지리산을 시작으로
현재 20여 개의 국립 공원이 사계절의 아름다움을 자랑하고 있어요.

꾸민 공원을 말해요. 국립 공원, 도립 공원, 군립 공원처럼 나라에서 지정
한 공원이죠.

올림픽 공원이나 용산 가족 공원처럼 인공적으로 조성된 도시 공원도
있습니다. 더 나아가 공장이나 탄광, 채석장, 하수처리장, 수원지 등 철거
해야 하는 노후 시설물을 활용한 공원도 찾아볼 수 있어요. 시설물의 내
력을 배경으로 구조물의 형태를 유지하며 막대한 철거 비용도 아끼고, 생
태적·심미적인 공간으로 발돋움한 것이죠.

예전에 수원지였던 선유도와 서서울 공원을 걸어보세요. 버려진 쓰레기
로 산을 이루던 난지도 쓰레기 매립지에서 아름답고 신비로운 공간으로
탈바꿈한 하늘 공원, 채석장에서 공원으로 변신한 포천 아트밸리는 원래
의 목적과 기능이 생각나지 않을 정도로 수려한 경관을 자랑합니다. 모두
우리나라 정원의 패러다임을 바꾸는 데 기여한 작업들이에요. 친환경과
생태라는 개념이 등장하면서 공간에 깃든 역사성을 보존하고 동시에 녹
색 공간으로 공원화하는 한 차원 높은 단계로 변화를 이끌어냈답니다.

올림픽 공원의 상징인 평화의 문. 올림픽 공원은 1988년 서울 올림픽을 위해 만들어졌는데요.
현재 일반 종합 공원으로 이용되고 있습니다.

용산 가족 공원은 광복 이후 주한미군사령부의 골프장으로 쓰이던 부지를 시민 공원으로 조성한 도시 정원입니다.
내부에 국립중앙박물관이 있어요.

선유도 공원은 정수장이었던 건축 구조물을 재활용하여 국내 최초로 조성된 환경재생 생태 공원입니다.

본래 신월 정수장이었던 서서울 공원 중심에는 축구장의 2.5배에 달하는 규모의 커다란 호수가 있습니다.
상공으로 항공기가 지나가면 자동으로 물을 뿜도록 설계된 소리분수가 설치되어 있죠.

억새풀이 빼곡히 들어찬 하늘 공원입니다.
환경보존을 위해 풍력발전기를 설치하여 공원 내 가로등에 전기를 공급하고 있답니다.

채석장의 흔적이 그대로 남아 있는 포천 아트밸리의 모습입니다.
2003년부터 버려져 방치되어있던 폐채석장을 복원해 복합 문화예술 공간으로 만들었어요.

정원이 활짝 피어나기까지

제가 어렸을 때에는 세계 각국의 동식물들을 소개하는 표본실 같은 식물원이 주를 이뤘어요. 사람들은 휴일이 되면 '남산 식물원', '어린이대공원', '창경궁' 등지로 나들이를 가곤 했지요. 시간이 흘러 놀이기구와 사파리를 같이 즐길 수 있는 놀이동산(어린이대공원, 서울대공원, 에버랜드 등)처럼 좀 더 발전하고 진화된 형태의 장소들도 생겨났습니다.

이후 개인이 평생의 업으로 나무와 초화를 심고 가꾼 정원들이 탄생하는데요. 1990년대부터 2000년대에는 10년에서 20년 이상 준비 과정을 거친 수목원과 식물원들이 개장합니다. 지중해 느낌의 '외도 보타니아', 한국 정원 스타일을 추구하지만 캐나다 부차

> 창경궁은 한때 창경원으로 불렸는데요, 일제 강점기 때 창경궁 안에 동·식물원을 만들면서 창경궁의 격을 낮추려는 책략에서 비롯한 이름이었죠. 이후 동·식물원을 서울대공원으로 옮기고 1983년에야 다시 '창경궁'으로 이름을 되찾았습니다.

드가든Butchart Gardens을 벤치마킹한 듯 화려하고 아름다운 '아침고요 수목원'은 드라마나 예능 프로그램에서 자주 봤을 거예요. '벽초지 수목원'는 연못의 데크deck길이 마치 물 위를 걷는 듯 서정적인 느낌을 줍니다. 다양한 수종에 감탄하게 되는 '한택 식물원'은 야생식물의 보고라고 불릴 만큼 희귀식물을 많이 보유하고 있지요. 꽃밭도 먹고 외래종 식물을 만날 수 있는 '아산 세계꽃 식물원'은 계절에 상관없이 화사한 꽃을 마음껏 구경할 수 있으며, 화려한 알뿌리가(구근, 球根) 자랑거리입니다. 지그재그 길과 디자인이 강조된 공간으로 겨울에 특히 식물의 색감이 더 돋보이는 '피나클랜드'도 있지요. 햇볕 좋은 날 가족 소풍을 떠나도 좋고, 친구들과 데이트하기에도 안성맞춤이랍니다.

거제시에서 조금 떨어진 곳에 있는 외도 보타니아는 섬 전체가 이국적인 정원으로 꾸며진 해상공원이에요.

아침고요 수목원은 우리나라가 '고요한 아침의 나라'라고 불리는 데서 착안하여 지어진 이름이에요.
총 4,500여 종의 식물을 보유하고 있는 원예 수목원입니다.

벽초지 수목원은 한국식 정원과 서양식 정원의 모습이 한데 어우러진 식물원으로 유명합니다.

화창한 날, 피나클랜드의 특색 있는 산책로를 걸어보세요.

개개인의 숭고한 사명 같은 의지로 2000년대가 활짝 피었습니다. 아름다운 개인정원이 화려하게 등장해 볼거리와 즐길 거리를 제공한 테마파크 정원 형태에서 또 한 번 변화가 찾아옵니다.

'연천 허브빌리지'는 지중해식 풍경을 만든 정원이며 2011년에 개장한 '제이드 가든'은 자연환경을 있는 그대로 즐기며 편안하고 우아하게 산책하기 좋은 유럽형 정원이에요. 우리나라의 개인 혹은 기업이 만든 현대식 정원이자, 힐링이라는 개념이 도입된 새로운 세대의 정원이라는 생각이 듭니다.

지중해, 유럽의 정원을 벤치마킹한 형태는 정원의 4세대쯤 되는데요. 화려했던 색감이 조금 부드러워진 경향이 보입니다. 유럽형 식재스타일을

강원도 춘천에 위치한 제이드 가든은 마치 유럽에 온 듯한 기분이 들게 합니다.

연천 허브빌리지 수공간은 멀리 떨어진 임진강과 이어져 보입니다.

우리나라의 기후조건에 어떻게 적용할 것인가는 가드너들이 연구하고 고민해야 할 부분이지요. 우리나라의 기후와 유럽의 기후, 지중해의 기후가 다른 탓에 적응하는 식물도 다르니까요.

우리나라 환경에 맞는 외래식물과 자생종을 찾아내고, 연구 개발하여 원예종으로 육성하는 일도 중요합니다. '독일 정원의 아버지'로 불리는 숙근초宿根草* 육종育種** 가이자 정원사이며 작가인 칼 푀르스터Karl Foerster 같은 위대한 원예가가 우리에게도 절실히 필요한 시점입니다.

현대 정원의 씨앗, 민병갈 박사

우리나라 정원의 기반을 다지고 씨앗을 뿌린 분을 소개할 차례네요. 미국인 군인 신분으로 우리나라에 와서 금융회사를 다니며, 1962년에 천리포 땅을 매입해 수목원으로 가꾼 이가 있어요. 바로 민병갈 박사입니다. 그의 원래 이름은 칼 페리스 밀러Carl Ferris Miller로 1921년 미국 펜실베니아주에서 태어난 미국인이죠. 한국으로 귀화한 민병갈 박사는 평생 독신으로 살면서 '천리포 수목원'을 가꾸었는데요. 4만 평이 넘는 해풍과 소금기 많은 벌거벗은 토질 위에 식물원을 가꾸기 위해 전국을 돌며 식물을 수집하고, 60여 개국의 400여 곳에 이르는 해외 수목원 및 식물원과 교류했다고 합니다. 그가 남긴 수목원 일지와 식물정리 기록을 보면 절로 숙연해져요. 한 사람의 의지와 노력이 주는 감동은 참으로 크답니다.

민병갈 박사는 천리포 수목원을 가꾸며 사람이 불편해도 나무가 행복한 정원을 만들자는 원칙을 세웠다고 해요. 길가에 서 있는 나무도 허투

---

* 여러해살이풀.
** 식물이 가진 유전적 성질을 이용하여 새로운 품종을 만들어내거나 기존 품종을 개량하는 일.

루 베지 않는 데에는 나무의 마음으로 정원을 살펴 가꾸고자 한 민병갈 박사의 마음이 담겨 있습니다.

이곳은 목련꽃만 해도 400여 종, 호랑가시나무 종류만도 370종, 동백 300여 종 등 국내외 15,000여 종이 넘는 식물을 보유하고 있는데요. 설립된 지 30년이 되던 해인 2000년에 국제수목학회로부터 '세계의 아름다운 수목원' 인증을 받습니다. 세계에서 12번째, 아시아에서는 최초였지요. 또한 미국의 국제 호랑가시 협회가 선정하는 '공인 호랑가시 수목원'으로 뽑히기도 했습니다. 민병갈 박사는 영국 왕립 원예 협회가 주는 공로상, 한국 정부가 수여하는 금탑산업훈장을 수상했고요. 그는 식물학자도 아니고 식물과 관련된 일을 하는 사람도 아니었습니다. 그저 나무와 꽃, 벌레까지 사랑하는 사람이었답니다.

사재私財로 운영되던 수목원은 설립자였던 민병갈 박사가 사망한 후에 경제적 어려움에 봉착하면서 2009년 일반인에게 개방됩니다. 제가 아는 한 여인은 천리포 수목원에 피어난 목련을 보고 이유 없이 눈물이 났다고 해요. 400여 종이 넘는 목련 중 어느 목련이 그녀를 울렸을까요? 그녀가 흘린 눈물은 틀림없이 아름다운 것을 보고 흘린 환희의 눈물일 것입니다. 생애 몇 번, 그런 눈물을 흘려볼 기회가 올지, 눈물 날 정도로 아름다운 목련이 궁금해 목련이 필 무렵 천리포에 가리라 다짐하지만 시기를 맞추기가 쉽지 않네요.

천리포 수목원에서는 가든 하우스에 묵으며 정원과 바다를 동시에 즐길 수 있어요. 이른 아침 수목원 풍경이 진면목이지요. 위치는 중부 지역에 속하지만 해양성 기후로 남부 지역만큼이나 따뜻한 곳이에요. 우리나라에서는 강릉 지역이 해양성 기후로 제주도나 남해에서 볼 수 있는 수종이 가능한 지역입니다.

천리포 수목원의 니사나무*는 마치 우산처럼 나뭇가지로 땅을 푹 덮어줍니다. 연인들의 밀월장소 같은 아늑한 느낌이 들죠. 낙우송 뿌리가 울뚝불뚝 튀어나와 신비로운 연못가, 낭새섬이 바라다 보이는 탁 트인 바다 풍경도 빼어나고요. 특이한 점은 천리포 수목원이 1970년에 설립된 우리나라 최초의 개인 정원이라는 사실입니다.

일본의 벌목과 공출, 그리고 6·25전쟁으로 인해 폐허가 된 충청도의 빈 터에 정원을 만든다는 사실을 당시 사람들이 알았다면 뒷담화, 지금으로 치면 악플이 많이 달렸을 수도 있겠어요. "입에 풀칠하기도 힘든 마당에 꽃이 무슨 소용이야?!" 하면서요. 하지만 민병갈 박사의 노력이 우리나라 정원 역사에서 갖는 의미는 크다고 봅니다. 천리포 수목원 관사는 초가집을 본떠 만들었어요. 서울에서 한옥을 옮겨다놓기도 했고요. 그는 정원을 만들면서 지역 환경과의 어울림과 정서까지도 고려한 듯합니다.

민병갈 박사는 원예가이자 육종가이며, 가드너인 동시에 가든 디자이너입니다. 가든 엔지니어임은 물론 조경가면서 환경운동가이기도 하지요. 천리포 수목원은 역사적인 의미가 큰 선구적인 곳이며 지금 봐도 전혀 구식이 아닙니다. 30년을 꿈꾸고 그의 나이 50세부터 81세까지 만든 명작입니다. 공들여 만든 정원을 한국에 남긴 이방인 아닌 외국인인 그가 우리나라 현대 정원의 씨앗입니다.

---

* 니사(학명: nyssa sylvatica) 또는 닛사나무로 불리며 영어 명칭은 black tupelo이다.

낭새섬과 바다가 보이는 천리포 수목원

수목원 내 초가집 형태로 디자인 된 관사입니다.
천리포 수목원은 서울에서 허무는 기와집을 옮겨다놓기도 했답니다.

채송화는 자취를 감추고(우리나라의 개인 주택 정원)

우리나라의 개인 주택 정원은 어떤 모습으로 발전해왔을까요? 1950년 6·25전쟁 이후 산업화와 도시화로 인해 우리 사회의 모습은 눈에 띄게 변합니다. 마을에는 아파트가 들어서고 고층 빌딩이 도심의 하늘을 뚫을 기세로 올라가기 시작했지요. 포장도로가 깔리면서 녹지는 사라지고 대도시로 인구가 밀집되는 현상이 벌어집니다.

전화와 자동차만 있으면 부자 소리를 듣던 시기를 지나 어느덧 마이카 My car 시대가 찾아왔습니다. 집집마다 차를 보유하게 되면서 주차장의 수요가 점점 늘어났지요. 그러다 보니 건축 완공 후 사용 허가를 받을 때 웃지 못할 해프닝이 벌어지기도 했는데요. 건축물을 지을 때 법이 정한 녹지 비율대로 식물을 심었는지 확인하는 준공 검사라는 절차가 있어요. 조경을 위해 최소한의 교목, 관목을 심도록 하는 거죠. 그런데 불과 몇 년 전만 해도 뿌리도 없는 나무를 꽂아두고 심은 척하는 일이 비일비재했답니다. 검사가 끝나면 빼버리고 주차장으로 사용하려고 말이에요. 장독대 둘레, 대문 입구에 피어난 채송화와 봉숭아, 백일홍, 다알리아가 있던 모습은 점점 자취를 감추고 말았습니다.

아파트 문화가 확장되면서 베란다 정원이 유행했으나 그것마저 훅 부는 바람처럼 짧게 지나가고 말아요. 건축 당시에는 한창 유행을 탈 때라 앞다퉈 정원 베란다를 넣고 시공했으나 입주 후에는 그 유행이 지나간 뒤라 식물을 심을 곳을 물건을 넣는 수납공간으로 변경하곤 했지요. 이렇게 빨리 유행이 사그라진 이유는 두 가지라고 생각합니다.

첫째로 유행을 급하게 따라가려다 보니 꽃집도, 화환이나 화분 배달하시던 분도, 나무를 팔던 농원사장님도… 너나 할 것 없이 정확한 시공법이 아닌 '자기 나름의 설치법'을 따라 하자를 부른 것. 둘째로 흙과 식물에 친숙하지 않은 소비자들의 무지로 정원이 방치된 것이 원인이 아니었나 생각해요. 이웃집 베란다 정원도 그저 그렇고, 내 집 정원도 지저분하고 관리가 안 되니 자연스레 관심이 멀어질 수밖에요. 누가 봐도 예뻐서 이웃의 자랑거리가 된다면 부러워서라도 욕심을 내겠지요.

영국은 개개인들이 마을에서 자신의 정원을 오픈하고 차를 마시며 씨앗과 종자, 그리고 경험을 나누는 문화가 성숙한 나라입니다. 개인과 마을 공동체, 나아가 왕실이 주도적으로 정원을 육성하면서 세계적 관광 명소가 되기도 하죠. 앞뒤로 마당이 있는 단독주택이 대부분이며, 국민들은 가드닝이 몸에 배어 있답니다.

그들이 정원에 정성을 쏟게 된 데는 비가 많이 오고, 산업혁명 이후 오염된 대기와 우중충한 환경 탓도 있겠죠. 하지만 오랜 시간 정원을 가꿔오면서 몸에 밴 나눔과 배려 정신이 깃든 정원 문화는 박수칠 만한 모습입니다. 유명한 스완호텔이 자리한 코츠월드Cotswold의 개인주택 앞 게시판만 봐도 그렇습니다. '정원 오픈 하우스' 일자를 공지하고 가드닝 정보를 교환하거나 꽃씨를 나누곤 한다니 부럽네요.

우리는 어떤가요? 여러분은 흙에 씨앗을 심어본 경험이 있나요? 설마 밥을 지어 먹는 쌀이 '쌀나무'에서 열리는 줄 아는 건 아니겠죠?

개인주택 정원에 초대 글을 붙여 정원 개방 일을 알려주고 교류합니다.

영국 코츠월드 바이버리빌리지(Bibury village)입니다.
평화로운 전원의 모습을 간직한 아름다운 마을이지요.

과거의 정원을 거닐다

아주 오래전 정원의 모습은 어땠을까요? 시대별로 정원이 가졌던 의미와 변화해온 과정을 간단히 살펴봅시다.

고대의 정원

세계적으로 선사시대부터 정착 문화가 시작되면서 초기 정원 형태를 형성했다고 봅니다. 원시 정원의 형태는 특정 공간, 시간을 확인하기는 어려우나 마법과 주술이 통하는 약초 정원 형태일 것이라고 전문가들은 추측하죠. 불임과 다산, 상처, 질병, 죽음, 고독, 기우제와 더불어 생존과 관련된 위안처 역할을 했을 것이라는 견해입니다. 양귀비가 고대로부터 수면과 망각의 꽃으로 불린 것처럼 관상의 목적이 아닌 식물의 효능을 사용하기 위한 실용정원을 꾸민 거죠.

"뼈 부러진 데 붙이면 낫는다. 무엇을 먹으면 이질이 낫는다"는 식으로 지금도 각 지역에 전래되는 약초들이 많습니다. 이는 약과 병원이 발달하지 않은 원주민 공동체에서 널리 활용되는 의술이기도 해요. 옛날에는 의사가 곧 식물학자였습니다. 약초를 처방하려면 식물에 대한 지식이 필요했으니까요.

또 정착 생활로 식용 식물 위주의 농지 형태를 띠던 정원이 인류문명의 발전과 함께 변화를 맞이했다고 보는 견해도 있습니다. 여가가 생기고 그것을 안전하고 행복하고 편리하게 누리기 위한 공간을 만든 것이 정원의 시작이라고 보는 거죠.

『대동사강』*의 기록에 따르면 우리나라는 BC 3900년경 고조선시대부터 새와 짐승을 기르는 곳인 유囿를 만들었다고 합니다. 아주 오랜 옛날부터 가축과 식물을 기르기 시작했죠. 지금의 정원과 비슷한 의미의 형태를 갖기 시작한 것은 4세기경부터라고 합니다.

정원은 한자로 '庭園'이라고 쓰는데요. 정庭 자는 뜰을 의미합니다. 원園 자는 담장을 의미하는 '입 구口'와 '흙土', 그리고 연못을 가리키는 작은 '입구口'를 써서 작은 동산을 의미하죠. 가축을 기를 때 사용한 유囿와 정원의 원園 모두 담장, 울타리 안에 있는 것을 의미해요. 여기서 식물과 가축을 영역 안에 가두어 키우고 보관하면서 재산으로 소유하는 구조로 발전했다는 것을 알 수 있습니다.

삼국시대의 정원

기원전 30년경에 만들어진 고구려 도성은 오녀산성을 중심으로 산세와 강이 멋지게 어우러진 유적지입니다. 장수왕 때 지은 안학궁은 무려 11만

---

* 김광이 편찬하고 오진영이 교정한 우리나라 역사서. 단군조선에서 순종황제까지의 역사가 기록되어 있다.

평이나 되는 부지에 52채의 건물과 31조의 회랑回廊* 및 정원이 있었다고 하는데요. 남아 있는 터만 봐도 당시 고구려의 위용이 얼마나 대단했는지 알 수 있지요. 안학궁 정원에는 연못이 있는데 그 안에 3~4개의 섬을 만들어 축산(돌을 쌓아 올려 만든 산)하고, 정자와 경석을 배치해두었대요. 자연풍경식 비정형非定型** 정원이었죠.

안학궁에서 약 750m정도 떨어져 있는 대성산성***에는 170개의 연못이 있었는데요. 방형方形****지, 장방형지, 삼각형지, 원형지의 형태를 모두 갖고 있으며 그중 장방형지가 가장 많았다고 해요. 북한에 있어 가보고 싶어도 그럴 수 없어 안타까운 마음뿐입니다.

백제의 정원에 대한 기록은 『삼국사기』와 『일본서기』 등에서 찾아볼 수 있는데요. 진사왕 때 궁전을 수리하면서 연못을 파고, 가산假山*****을 만들어 정원을 꾸몄다고 해요. 또 동성왕 때 궁 동쪽에 임류각을 지어 궁궐 내에서 희귀한 새와 짐승을 길렀고, 화려한 연못도 있었다고 합니다.

발굴 복원된 공주산성에는 남쪽 21m, 북쪽 15.3m, 폭 12m인 사다리꼴 모양의 연지라는 연못이 있어요. 그 모습이 마치 거꾸로 뒤집힌 9층 석탑 같다고 하죠. 누구는 페루의 마추픽추 같다고도 하고요. 깊이가 9m나 되는 깊은 연못 밖에는 만하루라는 정자가 있습니다. 지면 아래 동굴 같은 길과 돌담 사이 두 출입구는 연못의 형태만큼이나 독특하지요.

부여에 있는 궁남지는 우리나라 최초로 인공 연못을 파고 사방에 버드

---

* 1. 정당(正堂)의 좌우에 있는 긴 집채. 2. 양옥의 어떤 방을 중심으로 하여 둘러댄 마루.
** 일정한 형태나 형식이 정해지지 않은 것.
*** 평양 전경과 대동강, 보통강이 한눈에 보이는 대성산성은 고구려 도성을 보호하는 산성으로서 커다란 구실을 담당하였거나, 고구려가 천도하였다는 평양의 동황성(東黃城)으로 추정되는 중요한 산성이다.
**** 네모반듯한 모양.
***** 정원 따위에 돌(石假山, 석가산)이나 흙을 쌓아 조그맣게 만든 산.

궁남지에는 한 설화가 전해져내려옵니다. '선화공주와 맛동이라는 아이는 그렇고 그런 사이'라는 노래를 지어 아이들에게 부르게 해 결국 선화공주와 결혼한 백제의 서동 이야기 들어보셨죠? 그의 어머니가 궁남지 연못가 근처에 살며 서동을 낳았다고 해요. 선화공주와 결혼한 그는 훗날 백제 무왕이 되었고요. 『삼국사기』에 따르면 무왕 35년에 궁남지를 조성하고 왕비와 함께 뱃놀이를 즐겼다고 하네요.

나무를 심었습니다. 연못 가운데 만든 섬은 방장선산*을 상징한다고 해요. 넓은 연못을 가운데 두고 작은 논 같은 연지를 많이 거느리고 있다는 점이 독특한데요. 연꽃이 피는 계절이 오면 그 아름다움이 극에 달하겠죠. 수려한 경관을 보고 있으면 백제의 유적은 부드럽고 단아하며 예쁘다는 표현이 참 잘 어울린다는 생각이 듭니다.

백제의 조경 기술은 일본 정원에도 영향을 미칩니다. 백제인 노자공**이 일본 황궁의 남정에 불교에서 유래된 수미산***과 오교吳橋로 이루어진 정원을 꾸민 것이 일본 최초의 정원 기록이지요. 이렇게 백제의 영향을 받은 일본 정원의 젠스타일zen style****은 세계적으로도 유명합니다.

---

* 고대 중국 사람들은 동해바다 한가운데에 일종의 이상향인 신선이 사는 3개의 섬인 삼신산이 있다고 생각하여, 정원의 연못 안에 삼신산을 꾸미고 불로장수를 희망했다고 한다.
** 백제의 정원사로 한국 조원의 효시를 이룬 사람. 특히 궁궐 및 연못의 조영수법이 뛰어났으며, 일본에 건너가 백제의 뛰어난 솜씨를 전파하였다.
*** 불교의 우주관에서, 세계의 중앙에 있다는 산.
**** 젠(zen)은 일본식 불교 양식으로 선(禪)의 일본식 발음이다. 절제미와 단순미를 추구하며 동양적 여백의 미를 중요하게 여기는 스타일을 말한다.

공주산성은 백제의 수도였던 공주를 지키던 산성입니다.
백제 멸망 후 의자왕이 잠시 머물기도 했고, 백제 부흥운동의 거점이 되기도 했지요.

임류각을 지어 연못을 파고 기이한 금수를 기르는 것을 반대하는 상소가 올라오자
백제 동성왕은 이를 듣지 않고, 또 간하는 자가 있을까 봐 궁문을 닫아버리기도 했답니다.

연지와 만하루의 모습입니다. 연지로 난 통로의 모양이 인상적이네요.

우리나라 최초의 인공 연못인 궁남지는 차분하고 단아한 백제의 정서를 느낄 수 있습니다.

안압지는 일제강점기 때 철도가 지나가는 등 심각하게 훼손되었다가 1980년에 복원되었습니다.

포석정은 중국의 명필 왕희지가 친구들과 함께 술을 마실 때 즐겼던 놀이(流觴曲水宴, 유상곡수연)를 본떠 만들었다고 해요. 물 위에 술잔을 띄워 술잔이 자기 앞에 오는 동안 시를 읊어야 했지요. 그러지 못하면 벌로 술 3잔을 마셨다고 합니다. 현재 정자는 없고 물길만 남아 있습니다.

이제 통일신라로 가보죠. 통일신라에는 그 유명한 안압지와 포석정이 있습니다. 안압지는 신선사상을 담아 뱃놀이와 연회를 즐기던 정원입니다. 정형적인 공간과 자연식 공간이 조화를 이루어 바다를 상징하고요, 배수와 관수, 유속에 이르기까지 정교한 계산 하에 조성된 물길이 인상적이죠.

고려시대의 정원

고려시대에는 동지東池와 영지影池라는 귀여운 이름의 연못이 있었다고 해요. 동지는 지금은 남아 있지 않지만 그 규모가 꽤 컸다고 합니다. 영지는 강원도 춘성군 별서면에 위치한 문수원에 있는 연못인데요, 부용봉이라는 산이 투영되는 것으로 유명하지요. 또한 자연석으로 쌓은 석가산이 조성되어 있는데 전혀 인공적인 느낌이 들지 않는다고 합니다.

소양강 댐에서 배를 타고 들어가는 길도 운치 있고, 산길을 올라 청평사에 이르는 숲도 아름다워 종종 찾아갔었죠. 그런데 그때는 정원을 공부하기 전이라 영지를 보면서 '단순히 사다리꼴 연못에 산이 비친다고 영지라고 하나 보네. 뭐, 심심하군…' 하면서 설피 보고 지나친 것 같아 아쉬운 마음이 큽니다.

이 시기에는 별당 정원, 화원, 원정(園亭, 경치 좋은 곳에 지은 정자)도 만들어졌다고 합니다. 기이한 괴석으로 석가산을 쌓고, 후원에는 송·원나라에서 수입한 화목을 이용해 이국적인 분위기를 연출하기도 했죠. 임금이 외국에서 온 귀한 화목을 신하에게 하사품으로 내리는 일도 있었는데요. 예나 지금이나 못 보던 것, 특이한 것에 열광하는 건 똑같나 봅니다. 그나저나 자동차도 없던 시절에 자그마한 씨앗도 아니고 커다란 나무를 옮겨다 심었다니 참 놀라워요. 기술적으로도 쉽지 않았을 텐데, 작업자들의 고생이 이만저만이 아니었을 것 같습니다. 아무튼 이때부터 개인주택 정원이 발달한 것으로 추측합니다.

청평사 고려선원의 폭포(1)와 영지(2)입니다.
빼어난 산수를 보고 있자니, 뼛속까지 청량한 느낌이 듭니다.

고려 광종 24년에 지어진 청평사는 '백암선원'이라 불리던 유서 깊은 사찰이에요. 오랜 세월을 지나오면서 한국전쟁으로 인해 문수원비가 국보였던 극락전 등이 불타 없어졌다가 최근에 극락전을 다시 지었지요.(3)

조선시대의 정원

조선시대는 한국적인 정원 스타일이 발달하는 과정에 놓여 있었습니다. 덕분에 아름다운 정원이 많이 탄생했지요.

집을 지을 때는 풍수지리설에 입각한 지형적 요인을 중요하게 여겼습니다. 배산임수背山臨水, 남향南向, 어디서 많이 들어본 단어지요? 또한 사극을 보면 사랑채, 안채, 후원 같은 말이 나오는데 남녀의 공간이 구별되고, 마당과 정원도 형식과 내용을 달리했다는 것을 알 수 있죠.

조선시대에는 개인주택 정원은 물론 궁궐 정원까지 다양한 원칙을 보이고 있습니다. 도성을 건설할 때에는 궁궐 좌측에 종묘를 두고, 우측에 사직단을 두지요. 네, 사극에서 신하들이 "전하! 종묘사직*을 굽어 살펴소서!"할 때 그 종묘사직이 맞습니다. 궁을 중심으로 종묘사직을 만들어 신과 조상에게 복을 빈 거예요.

광화문 사거리에 서서 경복궁을 바라봤을 때, 자신의 오른쪽에 종묘가 있고, 왼쪽에 사직단이 있어서 헷갈리는 친구들이 있을 텐데요. 그건 우리가 사물을 바라볼 때 자기중심적으로 생각하기 때문이에요. 여기서 알아둘 것은 우리나라의 건축 문화재들은 주인 시각을 바탕으로 만들어졌다는 건데요. 즉, 우리가 경복궁을 바라보며 방향을 이야기하는 것은 경복궁 입장에서는 관찰자 시점이 된다는 것입니다. 경복궁의 정문인 광화문이 사람의 앞모습이라고 생각한다면, 경복궁의 왼쪽에 종묘가 있고, 오른쪽에 사직단이 있는 게 맞아요.

한국 정원을 소개할 때 등장하겠지만 경복궁, 창덕궁, 덕수궁의 정원은 우리나라 근대 정원의 흐름을 엿볼 수 있는 소중한 문화유산입니다. 게다가 도심 속 별천지로 잠시 산책하고 휴식하기도 좋은 장소이지요.

---

* 왕실과 나라를 뜻한다. 종묘(宗廟)는 역대 왕들의 위패를 모신 사당, 사직(社稷)은 토지 신(社)과 곡식의 신(稷)을 말하며 사직단은 그들에게 제사를 지내는 제단이다.

경복궁 근정전은 현존하는 한국 최대의 목조 건축물입니다.
임진왜란 이전에는 지붕에 용 문양으로 장식된 청자기를 얹어 마치 푸른 유리 지붕 같았다고 해요(1).
경회루는 나라에 경사가 있거나 사신을 왔을 때 연회를 베풀던 곳입니다. 직선적이며 중후한 멋을 풍기지요.
연못에 비친 그림자가 인상적인데도, 물그림자도 정원 디자인 요소입니다(2).

경복궁 북쪽 후원에 있는 향원정의 모습입니다.
왕과 그 가족들이 휴식을 취하던 공간으로 건축물의 비례감이 뛰어나기로 유명하지요(3).
배산임수, 즉 산을 등진 집의 후정은 기단식 화계가 발달합니다. 창덕궁 후원은 한국 정원의 백미라 할 수 있죠.
무게감이 있는 경회루와는 달리 사랑스러우며 아기자기 합니다(4).

묘지 정원이 주는 위안

여러분은 학교에서 소풍이나 답사로 선조들이 우리에게 남긴 문화유적지에 방문할 때 무슨 생각을 하나요? "에이~ 지루해!", "놀이동산이나 가지, 재미없어!" 하며 대충 딴생각으로 시간을 보내는 건 아니겠죠? 우리의 문화유산과 전통을 자주 접하지 않으면 오히려 우리 것이 어색하고 불편해집니다. 입에 맞지 않는 음식도 자주 먹으면 익숙해지는 것처럼 우리 주변에 있는 문화유산도 자주 보아야 그 가치를 알게 됩니다.

인간의 시간이 아닌 지구의 시간을 견뎌온 살아 있는 커다란 나무도 만나고, 콘크리트나 신소재 건축 재료가 아닌 나무로 지어 천 년의 흐름을 속삭이는 목조주택의 멋을 즐겨보세요. 그날의 햇살과 바람도 특별하게 느껴질 거예요. 공간마다 특색을 부여한 우리 선조들의 정서를 느끼면서 동시에 우리나라의 슬픈 역사에 대해 생각하는 시간도 가져보시길 바랍니다. 한국의 혈을 자르기 위해 일본이 저지른 집요한 행위들이 아직도 그대로 남아 있다고 생각해보세요. 국가와 개인이 독립적인 존재가 되지 못했다면, 지금 여러분이 당연하게 누리는 자유도 없을 테니까요. 국가는 차치하고 나 자신도 스스로 지킬 수 없는 신세일 때, 그 아픔은 이루 말할 수 없습니다.

요즘에는 박물관이나 유적지에도 도슨트 투어가 잘 마련되어 있어 시간을 맞춰 방문하면 역사적 배경과 흥미로운 옛날이야기를 들을 수 있으니 잘 활용해보세요.

또한 단짝 친구처럼 여러분에게 위안이 되는 장소를 한 곳 정도 정해놓고, 위로가 필요할 때 방문해보는 건 어때요? 누구에게도 말 못할 일이 있거나 힘들 때 그 곳을 방문하면 스트레스를 치유하는 데 도움이 될 거예요. 저에게 그런 장소는 바로 홍유능입니다. 홍유능을 거닐면서 산다는 것이 어떤 의미인지, 개인도 국가도 신념을 바로 세우지 않으면 흔들리기 쉽다는 것을 생각하곤 했지요. 힘들어서 징징거리러 간 그곳에서 이미 잠든 사람들이 겪었을 고달픈 상황을 짐작하며 내 고민과 어려움을 이겨낼 힘을 얻기도 했고요.

홍유능은 홍릉과 유릉을 합쳐 부르는 이름인데요. 능의 왼쪽에는 조선 제26대 왕, 고종황제와 명성황후 민씨의 홍릉洪陵이 있습니다. 오른쪽에는 조선왕조 마지막 왕인 순종황제와 순명효황후 민씨, 순정효황후 윤씨가 잠들어 있는 유릉裕陵이 있고요. 조선왕조의 마지막 왕릉이자 최초의 황제릉인 이곳은 다른 왕릉의 모습과는 느낌이 사뭇 다릅니다.

조선은 1897년 국호를 대한제국이라 하고 연호를 광무光武, 왕을 황제皇帝라 칭하는 칭제권원을 주장하지요. 하지만 구한말 나라를 빼앗긴 입장에서 왕이나 황제나 다를 게 뭐가 있겠습니까? 그야말로 허울이지요. 아무튼 두 능 앞에는 중국 황제릉을 본떠 만든 문무신상과 동물 석상이 늘어서 있는데, 해태와 호랑이 같은 익숙한 동물 말고도 그 시대에는 낯설었을 낙타와 코끼리, 그리고 기린까지 자리를 잡고 있습니다.

심지어 순종왕릉 앞에 있는 석물들의 다리를 투각으로 뚫어 감히 임금 앞에 가랑이를 벌리고 서 있는 형상을 보고 있자니 조선을 능멸하고 한 나라의 왕을 조롱한 일본의 기만에 분노가 끓습니다. 망해가는 나라를 바라보는 임금의 마음이나, 당시 분노하고 억울했을 백성들의 무력감, 친일에 나라를 팔아먹은 변절자와 그들의 후손이 잘 먹고 잘 살고 있는 현실, 독립운동가의 후예들은 가난에 손발이 곱는 어이없는 현실에 처연해집니다.

애달픈 마음에 늙은 소나무 아래 앉아 눈물 콧물 흘리며 울고 나면 마음이 가다듬어지곤 했지요. 지금은 갈 곳도 볼 것도 많아 사람의 발길이 뜸해 한가하고 조용하고 평온한 이곳은 힘들거나 쉼이 필요할 때 찾아가면 모든 것을 받아줍니다. 제게는 홍유릉이 엄마 품처럼 넓고 온유한 마음속 장소인 셈이죠.

조선왕조의 능은 서울을 중심으로 가까운 곳에 많이 있습니다. 지금은 국립 수목원인 광릉 수목원도 광릉을 끼고 있는데 나무마다 목신木神이 있을 것 같은 위엄과 무게감이 느껴지죠. 겨우 백 년 사는 인간이 대자연과 우주의 시간 앞에 서니 겸허하고 숙연해집니다.

홍릉(1)과 유릉(2), 그리고 그 앞에 늘어선 석물의 모습입니다.
홍릉의 코끼리상은 다리가 막혀 있는 반면(3) 유릉의 코끼리상은 다리가 투각으로 뚫려 있어요(4).

여러분도 지친 심신을 치유하고 휴식할 수 있는 나만의 장소를 찾아보세요. 누구나 살면서 한 번은 울고 싶은 순간을 만나게 된답니다.

묘지 역시 정원의 한 형태로 봐도 무방합니다. 신을 섬기는 신전이나 제각을 짓고 죽은 자를 모시는 묘지나 신성한 제사를 지내고 경건함이 깃든 공간이라는 점에서 맥락이 같다고 봐요. 전에 납골당, 수목장을 기획해달라는 제안을 받은 적이 있는데, '언젠가 직접 디자인한 수목장에 묻히려나?' 하는 생각이 들더군요. 그래서 여행을 가면 묘지도 유심히 보고 옵니다. 유럽에는 도심에 무덤이 있는 곳이 많아요. 무덤을 혐오시설이 아닌 죽은 자의 안식처이자 산 자들의 휴식 공간 및 가족 모임터로 여기는 것이죠. 우리나라의 묘지도 아름다운 정원처럼 여겨지는 날이 오길 바라는 마음입니다.

과거의 정원을 살펴보며 미래의 정원은 어떤 모습일지 상상해볼까요? 우주나 지하 세계에서 식물을 키우거나 인류 멸망에 대비해 지하 벙커의 타임캡슐에 종자를 보관하는 공상 과학 영화 같은 세상은 아니길 바랍니다. 형식이야 어떻든 정원은 에덴이며 천국이고, 무릉도원입니다. 나만의 장소, 또는 가족을 위한 공간이지요. 인간의 이상과 쉼을 실현하는 자리이자 천진한 아이들의 웃음소리가 들리는 성스럽고 편안하고 아름다운 모습일 것입니다. 이는 미래에도 변하지 않을 테지요. 미래의 가드너들은 어떤 초록의 세상을 꿈꾸고 만들어갈지 기대가 되네요.

II. 세계의 정원을 거닐다

1

문화와 번영을 담는 그릇

유럽에서 본격적으로 정원이 형성되기 시작한 시기는 언제일까요? 유럽 정원은 식민지 침략과 종교전쟁을 빌미로 특이하고 귀한 것들을 채집해 성과 교회 안에 모으기 시작하면서 점차 변해가는 형태인데요. 말이 좋아 채집이지, 사실 약탈과 공출로 빼앗은 것들입니다. 그들은 그렇게 모은 생물의 종자를 늘리며 부와 권력을 과시합니다. 자, 그럼 유럽의 정원이 어떤 모습으로 변해왔고, 한 나라의 문화와 번영을 어떤 형태로 드러내고 있는지 함께 살펴봅시다.

고대 정원의 흥망성쇠

BC 3000년대 이집트 디르 엘 바흐리Deir el-Bahri로 떠납니다. 인부들이 하트셉수트Hatshepsut 여왕의 신전을 짓고 있네요. 디르 엘 바흐리는 현존하는 세계 최초의 정원 형태 유적지로 손꼽히는 곳입니다. 주택, 신전, 묘

하트셉수트 신전(1)과 신전 입구(2)를 찍은 사진입니다.

신전의 벽화를 보세요.
오른쪽 그림은 하트셉수트의 9차 원정에 나선 이집트 군인의 모습입니다.

지 정원 형태로 시커모어[*], 파피루스^{**}, 연꽃 등을 심었다고 해요. 열주列柱^{***}
식 회랑이 늘어선 모던한 분위기의 건축물 안에는 벽화와 스핑크스가 남
아 있습니다.

공중 정원으로 유명한 바빌로니아로 가보죠. 바벨탑 전설로 짐작할 수
있듯 바빌로니아 왕국은 건축술이 매우 뛰어났어요. 멀리 유프라테스 강
에서 물을 끌어다가 수도관처럼 도시를 흐르게 했지요. 그 물을 건축물로
올려 테라스, 공중 정원을 만든 기술도 참으로 놀랍습니다. 바빌로니아의
공중 정원은 최초의 공중 정원으로 인공관수와 방수처리 기술이 뛰어났
어요. 게다가 그 위에 과일나무와 외국에서 들여온 신기한 나무를 심어
재배했다고 하니 입이 떡 벌어집니다.

기록에 따르면 기원전 1550년경 이집트 왕 람세스 3세가 500개가 넘는
성스러운 정원을 만들었다고 해요. 하지만 아이러니한 역사의 강은 흐르
고 흘러 현재 이집트와 서아시아 국가의 정원은 과거 빛나던 시절의 독창
성과 역사적 의미를 알 수 없을 정도로 초라하게 변했습니다. 화려한 번영
의 흔적은 흥망성쇠의 무상함 뒤로 퇴색되었죠.

그리스와 로마도 과거의 유적지를 통한 관광 사업이 후손을 먹여 살릴
만큼 한때 권력과 부, 안목을 갖춘 제국이었습니다. 지금 그 자리에 남은
것은 쓸쓸함뿐이지만요. 찬란한 문화는 세월에 삭아 없어지고 허물어져
가는 신전만이 화려했던 과거의 모습을 짐작케 합니다. 도시의 광장과 신
전, 극장, 조각이 화려한 분수는 빛이 바랬고, 사과나무가 있었다는 아름
다운 정원도 볼품없는 오렌지 밭으로 변했답니다. 기후 변화 탓도 있지만

* 유럽산 단풍나무(syca·more)의 일종으로 플라타너스를 말한다.
** 키가 크고 대가 굵은 수생 식물(papyrus).
*** (서양 건축에서) 줄지어 늘어선 기둥.

바빌론의 공중 정원입니다-. 첫 번째 그림 뒤편에 바벨탑이 보이네요.

쇠하는 국운과 더불어 정원도 허물어져간 것이죠.

로마의 시성 베르길리우스Publius Maro Vergilius는 자신의 시에서 이렇게 노래했어요. "신이 우리에게 여가를 부여해주었노라. 그것 없이 시 쓰기는 도저히 불가능 했을 것이다."『정원의 역사』를 쓴 자크 브누아 메샹Jaques Benoist-Mechin의 관점에도 공감합니다. "여가가 없었다면 시도 음악도 정원도 없었을 것이다." 여가가 창조성을 살린다는 뜻인데요, 잉여 시간도 부가 보장되어야만 누릴 수 있습니다. 그러다 보니 기술력과 자본이 있는 나라에서 정원이 발전하게 마련이지요.

이탈리아 정원

기원전 7~13세기, 로마와 스페인의 신전과 궁전, 그리고 개인주택 정원에서는 화려한 조각품과 분수를 만들고 화분, 장미, 백합 등 다양한 식재를 갖추기 시작합니다. 회랑, 중정, 테라스와 같이 쓰임에 따라 공간이 나뉘고, 공적 장소와 개인적 장소를 구분하는 등 다양한 목적을 지닌 형태의 정원이 나타나지요.

시간이 흘러 15세기 이탈리아는 르네상스를 맞이합니다. 봉건적 종교 중심의 사고에서 탈피하고 인본주의적 사고를 강조하게 되지요. 인류 사회의 존엄과 가치를 중요시하면서 자연을 통제할 수 있다고 보는 관점에서 정원 형식이 갖춰집니다. 고전주의적 비례와 축을 엄격히 도입하고 원근법과 수학적 계산에 따라 정원을 구성하면서, 건축물의 선과 정원의 선이 직교하는 노단식(테라스식) 정원이 처음 등장합니다.

'이탈리아 정원의 3대 원칙' 하면 축을 따라 '총림叢林*'을 구성하고, '테

---

* 잡목이 우거진 숲.

라스'와 '화단'을 두는 것인데요. 빌라 데스

테Villa d'Este, 빌라 란테Villa Lante, 빌라

파르네세Villa Farnese가 이탈리아의 대표적

인 노단식 정원입니다. 일명 르네상스 시대

의 3대 빌라라고나 할까요. 이탈리아의 실

세인 메디치 가문의 빌라 메디치 카레기villa medici de careggi, 빌라 메디치 피에솔레villa medici de fiesole는 미케로치Michelozzo Michelozzi*에 의해 조성된 르네상스 최초의 빌라입니다. 브라만테Donato Bramante가 만든 빌라 데스테는 최초의 노단식 정원으로 유명하지요.

노단식 정원은 정확히 대칭을 이룹니다. 또 빛과 그늘, 총림의 짙은 색과 화단의 밝은 색을 이용한 명암 대비가 특징이에요. 원근감을 이용해 건축물과 정원의 축에 소실점이 생기게 하여 보는 이로 하여금 극적인 인상을 줍니다. 르네상스 시대에는 신흥 부자들이 출현하면서 경사지, 구릉지, 계곡을 낀 산등성이 같은 높은 곳에 신전이 아닌 집을 짓고, 아래 풍경을 내려다보는 형태의 정원도 등장합니다. 또, 이때부터 정원을 만드는 작가의 이름이 의미를 갖게 되지요.

이탈리아 정원은 각양각색의 수공간이 연출되는 '물의 정원'으로도 유명해요. 물의 정원이 발달한 17세기는 매너리즘이 대두된 바로크 시대로 고전주의 양식에서 벗어나 자유분방하고 기이하며 자의식이 강조된 형식을 취합니다. 한편 장식적인 측면이 두드러져 정원의 모습이 요란해지면서 우아함을 잃은 것 같기도 해요. 어쨌든 이탈리아 정원은 유럽 여러 나라에 영향을 미칩니다.

* 미켈로초 디 바르톨로메오(Michelozzo di Bartolommeo).

르네상스 시대의 3대 빌라입니다.
차례대로 빌라 데스테(1), 빌라 란테(2), 빌라 파르네세(3)의 모습이에요.

빌라 메디치카레기를 그린 풍경과 실제 모습입니다(1, 2).
빌라 메디치 피에솔레는 경사지에서 경치를 내려다보는 구조예요(3).

프랑스 정원과 영국 정원

11~17세기 프랑스에서는 베르사유 궁전Chateau de Versailles으로 대표되는 포멀 정원이 유행합니다. 마치 카펫처럼 대칭을 이루는 기하학적인 문양이 특징이죠. 반면 18세기 영국은 포멀 정원의 정형성을 벗어나 풍경식 정원 형태를 추구합니다. 좀 더 자연스럽고, 풍경화 속을 걷는 듯한 정원 말이에요. 포멀 정원과 풍경식 정원은 스타일별 정원을 이야기할 때 자세히 다루도록 하겠습니다.

산업화를 거치면서 정원은 지위, 계층 이동에 따라 형태가 바뀌어갑니다. 또 새로운 건축 기술의 발달로 더욱 다양한 변화를 맞이하지요. 돌과 흙, 흙으로 만든 블록으로 짓던 고전 건축물은 유리와 철, 노출 콘크리트 등 21세기의 새로운 재료를 발판 삼아 다채로운 모습으로 탈바꿈합니다. 특히 요즘에는 모던감각의 단순함을 지향하면서 건축양식이 한층 간결해지기도 했지요. 도시와 건축물의 양식과 목적에 따라 정원의 형태도 세분화하고 있습니다.

베르사유 궁전의 정원 모습이에요.

영국 풍경식 정원의 진수, 스타우어헤드 정원 (Stourhead garden)입니다. 풍경식 정원의 선구자 윌리엄 켄트(William Kent)가 만들었지요.

세계의 정원 양식

우리나라에서는 정원을 크게 정형식 정원과 자연식 정원, 절충혼합식 정원으로 구분하는데요, 유럽에서는 훨씬 세분합니다. 정원 양식별 용어의 개념과 차이점을 알아봅시다.

포멀 정원(정형식 정원)

포멀 정원은 서아시아와 유럽 지역에서 발달한 양식으로 프랑스식 정원, 카펫 정원이라고도 합니다. 좌우 대칭과 기하학적인 문양이 특징이죠. 공간의 축이 강조되어 소실점(시야의 핵)이 생기는 형태로 넓고 길어 보이며 장엄함이 느껴집니다. 정형적인 분수와 조각상, 미로정원을 만들고, 화분에 토이목*으로 다듬어진 나무와 정갈하고 단순한 초화(꽃)를 심습니다.

---

* 우리나라 주목이나 향나무와 같이 가지를 많이 잘라도(강전정) 잘 자라는 식물로, 여러 가지 모양으로 다듬어 키우는 나무를 일컫는다.

11~17세기 바로크의 화려한 장식미에서 고전주의와 르네상스로 이어지는 철학적 기반과 권력 계급의 변동, 당시 건축물과 지형, 기후가 탄생시킨 정원이기도 합니다.

정형식 정원은 이탈리아 중심의 노단식 정원과 스페인의 중정*식 정원으로 변화하는데요. 15세기 말 이탈리아 미술과 정원에 매료된 프랑스 왕 샤를 8세는 이탈리아 정원사들을 불러들여 가이용, 앙부아즈, 블루아 등지 왕궁에 정원을 만들도록 했답니다.

이 시기에 건축과 어울리는 정원의 개념이 대두되고, 프랑스 정원과 농업에 관한 저서들도 많이 간행됩니다. 올리비에 드 세르(Olivier de Serres)가 지은 책에서는 원예류를 4가지로 분류하고 있는데요. 먹을 수 있는 채소류가 있는 '채원', 모든 종류의 풀과 꽃, 관목이 있는 '초원', 질병에 쓰일 실용적인 '약초 정원', 그리고 아마, 대마, 대청, 꼭두서니, 물푸레나무, 엉겅퀴 등 염료와 직조에 필요한 재료와 포도, 사과 등 과실수를 심는 '과수원'이 있습니다.

대표적인 포멀 정원으로는 이탈리아 피렌체에 있는 보볼리 정원Boboli Garden과 유럽 정원의 모델이자 일명 물의 정원으로 화려한 분수가 압권인 빌라 데스테 정원, 빌라 란테 정원, 빌라 파르네세 정원이 있습니다. 또 프랑스의 베르사유 궁전 정원과 퐁텐블로 궁전의 정원Fontainbleau Garden도 유명합니다. 중정식 중세 수도원 정원도 포멀 정원 형태입니다.

이 시기 대표 작가로는 앙드레 르 노트르 André Le Nôtre, 프랑수아 망사르François Mansart, 쥘 아르두앙 망사르 Jules Hardouin Mansart 등이 있습니다. 이들의 업적과 영향력은 프랑스 포멀 정원에 지대한 공헌을 하지요. 포멀 정원은 이탈리아에서 프랑스로, 또 네덜란드와 영국으로 퍼져 풍경식 정원이 탄생하기까지 유럽 각국에 영향을 미칩니다.

---

* 집 안의 건물과 건물 사이에 있는 마당.

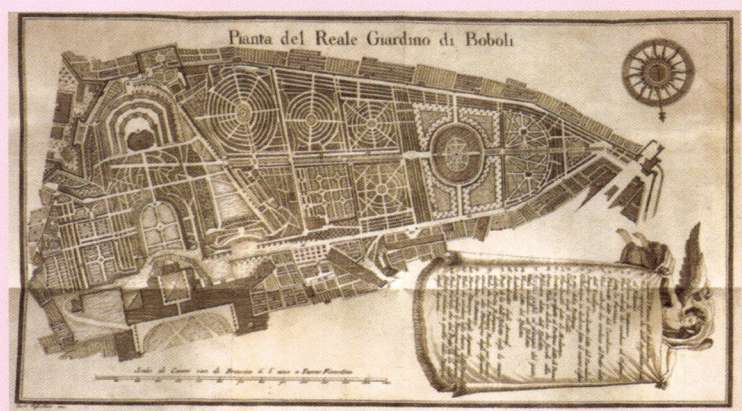

보볼리 정원 도면과 원형 극장

카미유 코로(Jean-Baptiste-Camille Corot)의 〈보볼리 정원에서 본 풍경〉

앙드레 르 노트르
대표작으로 보르비콩트 정원과 베르사유 궁전이 있습니다.

프랑수아 망사르는 쥘 아르두앙 망사르의 할아버지랍니다.
파리의 발 드 그라스 성당(Val-de-Grâce), 등의 작품을 남겼습니다.

쥘 아르두앙 망사르는 바로크시기를 대표하는 건축가입니다.
베르사유 궁전과 파리의 방돔 광장(Place Vendôme) 등 많은 작품을 남겼지요.

18세기 켄싱턴 궁전(Kensington Palace)(1)과 1716년 상트페테르부르크의 여름 정원(2), 그리고 베르사유 궁전 정원(3)의 모습입니다. 좌우 대칭을 이룬 파르테르 문양을 보세요. 마치 알라딘의 양탄자 같습니다.

     베르사유 궁전 화단의 자수 문양 파르테르*는 아라베스크**나 팔메트***라는 종려나무 잎을 모티브로 한 연속무늬 꽃줄기, 그리고 테두리 문양이 있는 융단이나 베네치아의 레이스를 모티브로 했습니다. 아이러니하게도 동양의 융단은 정원을 따라 하고 유럽의 정원은 융단을 따라 했답니다.

---

* 식수 화단을 구성하는 수평면의 양식적인 정원 형태로 프랑스어(parterre)에서 유래했다. 마치 융단 문양처럼 화단과 길을 구성한 것이 특징이다.

** 아라비아풍이라는 뜻으로 이슬람교 사원의 벽면 장식이나 공예품 장식에서 볼 수 있는 아라비아 무늬.

*** 종려의 잎을 본떠 부채꼴로 꽃잎을 배치한 무늬.

재무장관 니콜라 푸케Nicolas Fouquet의 지원 아래 조성된 보 르 비콩트Vaux le Vicomte 성은 각기 흩어져 하나의 요소로 작용하는 축선*, 화단, 연못, 분수를 조화롭게 구성해낸 정원으로 평가 받습니다. 베르사유 궁전을 건축한 건축가

루이 르보Louis Le Vau가 설계를 담당했고 샤를 르 브룅Charles Le Brun, 피에르 미냐르Pierre Mignard 등의 화가, 피에르 퓌제Pierre Puget, 앙투안 쿠아즈보Antoine Coysevox, 장 자크 카피에리Jean-Jacques Caffieri 등의 조각가가 내부 장식에 참여했지요. 작가인 라 퐁텐Jean de la Fontaine과 몰리에르Moliere, Jean Baptiste Poquelin, 스카롱Paul Scarron 등이 이곳에 머물며 집필을 하기도 했습니다. 또한 왕에게 바칠 생선이 도착하지 않자 자살해버렸다는 일화로 유명한 바테르가 요리사로 있었답니다. 일 드 프랑스 지역 최고의 정원으로 꼽히는 성 주변 정원은 조경 전문가 앙드레 르 노트르가 담당했습니다. 당대 내로라하는 예술가들이 건물과 정원, 내부 인테리어 설계에 참여해 천정화를 그리고 조각을 세우고 분수를 만드는가 하면 성에 대한 찬가를 쓰고, 흥을 돋우는 음악과 발레 공연을 하기도 했지요.

보 르 비콩트 성 입구 모습을 그린 판화입니다.

---

* 건물이나 건축 배치 등의 구성의 중심이 되는 선.

보 르 비콩트 성 남쪽(1), 북쪽(2) 외관입니다.

보 르 비콩트 성 정원을 보세요. 정확하게 대칭을 이루고 있죠?

보 르 비콩트 성 넵튠 조각상인데요, 금방이라도 살아 움직일 것 같습니다.

6m 높이의 천 개가 넘는 물줄기가 정원 분수에서 뿜어져 나왔다니 당시 보 르 비콩트 성의 모습이 얼마나 장관이었을까요? 성이 완공되자 푸케는 왕을 위해 성대한 연회를 열었는데요. 정원을 구경한 다음 음악을 들으며 식사를 하고 발레 공연과 화려한 불꽃놀이까지 선보였다고 해요. 하지만 푸케의 사유지가 루이 14세의 궁전보다 화려하고 장엄하며 아름답다는 이유가 치명적인 죄가 될 줄 그는 몰랐겠죠. 푸케는 부정 축재 등 온갖 죄목으로 체포당해 유배됩니다. 연회를 연 지 3주가 지난 날이었지요.

　루이 14세는 보 르 비콩트 성을 만드는 데 참여했던 예술가들을 불러 모아 왕의 권위를 보일 수 있는 새로운 성을 만들라고 지시하는데 그게 바로 베르사유 궁전입니다. 루이 14세와 르 노트르가 만나 세기의 공간이 탄생한 것이죠. 르 노트르는 부지 형태에 따라 정원을 만드는 게 아니라 정원에 맞게 부지를 변경하는 방법을 고안합니다. 또한 대칭 논리를 구현해 중심에서 전체를 조망한다는 원칙하에 계산된 건축의 재현을 정원에 도입했지요. 수풀의 원림이나 가로수, 수벽 울타리는 건축물과 같이 기하학적이고 단순하게 직선으로 잘라내는 규율을 적용했고요. 루이 14세는 왕좌로 중심점을 모으는 구축점을 만들었는데 베르사유 궁전으로 모이는 구심점은 유럽의 중심이자 시작점이 프랑스임을 상징합니다. 베르사유 궁전은 그야말로 루이 14세의 야심찬 대작인 셈이죠. 이때 국민적 자긍심이 높아져 지금도 프랑스인들의 코가 높답니다.

　그런데 지나친 만족에서 오는 행복은 오래가지 않는 법인가 봐요. 화려한 궁정 생활이 절정에 달하자 루이 14세는 베르사유 정원에 실증을 느끼고 무기력해집니다. 그러자 새로운 의욕이 불타오르는 좁은 협곡에 은둔처를 두고 머무는 것을 즐기게 되죠. 인간은 목표를 향해 나아가는 여정에서 흥분과 열정, 몰입의 행복을 느끼는가 봅니다.

베르사유 궁전 정원은 마치 광장에 카펫을 펼쳐 놓은 듯한 모습입니다. 새가 앉아서 쉴 공간, 은닉처가 될 나무 하나 없이 휑하니 노출되어 있죠. 편하고 위로가 되기보다는 "우와" 감탄 한 번 하고 "뭐, 다 봤네"가 끝이에요. 더 이상 호기심을 일으키지도 않고 쉬어가고 싶은 아늑함도 없는 공간이라는 생각이 듭니다. 장식적인 면이 강조되어 인간성이 상실됐고, 식물들은 융화되지 않고 각각의 개체로 존재하는 느낌이에요. 루이 14세는 즐기는 의미의 정원이 아닌 의례적인 장소를 만든 것이죠.

루이 14는 생제르맹과 마를리에 태양의 집이라 일컬어지던 베르사유보다 더 화려한 궁을 짓는 데 몰입합니다. 하지만 그 눈부셨던 궁전은 지금은 거의 남아 있지 않아요. 베르사유 궁전만이 "짐은 이제 죽는다. 그러나 국가는 영원하리라"는 살아생전 그의 말처럼 남아 있을 뿐이죠.

베르사유 궁전의 아폴로 분수입니다. 루이 14세는 아폴로 분수 등을 통해 절대 군주의 이미지를 과시했지요.

카펫 정원의 문양과 미술의 부조기법처럼 보이는 눈 내린 정원 풍경이 아름답지요?

베르사유 궁전 도면과 조성 사진을 보면 축과 대칭적 구조를 엿볼 수 있습니다.

그레이트 포스터호텔 정원입니다.
나무의 모양 좀 보세요. 인간이 자연에 개입했음이 팍팍 느껴집니다.

프랑스의 포멀 정원이 유행했던 시기의 철학과 미술사조에 대해서도 간략하게 알아봅시다. 17세기를 대표하는 프랑스 철학자로는 합리적, 기하학적 추론으로 유명한 데카르트René Descartes와 천재 수학자이자 물리학자였던 파스칼Blaise Pascal이 있습니다. 그들은 실증적이면서 사람의 심리 분석에 뛰어났어요. 신에서 인간 중심으로 달라진 관념이 사회적 변화는 물론이고 정원의 변화에도 작용했음을 알 수 있겠죠?

미술도 이탈리아 르네상스의 영향을 받습니다. 17세기 유럽이 바로크 양식에 몰입할 때 프랑스는 왕립 미술아카데미를 설치하고 프랑스 고전주의를 확립했지요. 이 시기에는 주로 신화화, 역사화, 종교화, 초상화 등 궁이나 교회, 성 안 벽을 장식하는 그림이 그려졌는데요. 대표작가로는 니콜라 푸생Nicolas Poussin과 클로드 로랭Claude Lorrain이 있습니다.

18세기에 이르러 루이 14세가 사망하고, 엄격한 교조주의식 고전주의를 벗어나 환락과 자유분방함을 표현하는 로코코와 후기 바로크에 반발한 신고전주의가 나타납니다. 대표적인 화가로는 샤르댕Jean-Siméon Chardin이 있는데 정물화와 실내에 있는 인물의 모습을 주로 그렸지요. 이 시기의 그림은 신적이거나 영웅적인 모습에서 탈피하고 일상의 소소함이 드러난다는 특징이 있습니다. 정물화를 그리게 된 것은 신대륙 발견만큼 놀라운 일이라고 해요. 지금 우리가 당연하고 익숙하게 받아들이는 많은 일들이 처음에는 놀라운 혁명이었습니다. 신의 세계로 여겨지던 달에 인간이 착륙하거나, 지구가 중심인 천동설을 진리로 믿었는데 난데없이 태양이 중심인 지동설을 주장한 코페르니쿠스Nicolaus Copernicus와 갈릴레이Galileo Galilei처럼 관념과 사유의 문을 열어 다른 세상을 보는 위대한 사람들이 세상을 바꿔나가는 것이죠.

샤르댕의 〈장을 보아온 여인〉입니다.
성화의 주인공이나 영웅이 아닌 평민이 그림의 주제가 되는 변화가 나타났어요.

샤르댕의 정물화

풍경식 정원

르네상스기 유럽의 고전 중시 경향은 청교도 혁명과 복잡한 사회구조적 변혁을 거쳐 영국에서 독자적인 플라톤 사상의 부흥을 불러옵니다. 헨리 모어Henry More, 랠프 커드워스Ralph Cudworth 등의 철학자들은 플라톤 학파의 형이상학적 명제를 다루지요.

18세기 프랑스, 독일 등에 영향을 끼치고 영국 사상의 전통을 확립한 독창적인 철학자로는 로크John Locke, 버클리George Berkeley, 흄David Hume이 있으며, 로크는 데카르트의 영향을 받으면서도 뉴턴 물리학을 배경으로 인식의 발생이 경험에서 유래한다는 경험 철학을 완성합니다. 또한 인지人知의 한계와 가능성을 논하는 인식론과 비판철학을 내놓지요. 홉스Thomas Hobbes와는 대조적으로 로크의 법철학 정치사상은 근대 시민사회의 민주주의, 즉 시민의 자유와 인권, 종교적 관용을 강조했습니다. 이는 홉스 이후의 영국 정치사에서 명예혁명을 대변하고 프랑스혁명과 미국의 독립에 커다란 영향을 끼치게 됩니다.

이 시기에 발표된 문학으로는 다니엘 디포Daniel Defoe의 『로빈슨 크루소』(1719)와 스위프트Jonathan Swift의 『걸리버 여행기』(1726), 헨리 필딩 Henry Fielding의 걸작 『톰 존스 이야기』(1748) 등이 있습니다.

알렉산더 포프Alexander Pope 같은 시인들은 포멀식 프랑스 정원을 경멸하여 자유로운 분위기에서 시를 읊을 수 있는 공간을 원했는데요. 영국의 시인 윌리엄 셴스톤William Shenstone은 17세기 클로드 로랭이 그린 이탈리아의 자연 풍경에 매료되어 아름다운 정원은 풍경화를 그리는 화가들에 의해 디자인되어야 한다고 생각합니다. 윌리엄 켄트William Kent 역시 평범한 화가로, 풍경식 정원의 기틀을 만든 사람이지요.

Sunrise, 1646-47, 클로드 로랭의 작품 한점을 소개합니다. 금방이라도 그림 속 풍경에 빨려 들어갈 것 같아요.

대표적인 풍경식 정원으로는 햄프턴 코트 궁전Hampton Court Palace, 치즈윅 하우스Chiswick House, 데본셔 하우스Devonshire House 정원이 있는데요. 액자 틀 같은 사각 프레임에 그림 같은 풍경이 들어와 어디서 봐도 작품이 되는 정원입니다.

18세기에 정형적이며 인위적인 멋을 풍기는 프랑스식 포멀 정원을 비판하며 "자연에 직선은 없다"고 말한 케이퍼빌러티 브라운Capability Brown[*]은 풍경과 정원이 자연스럽게 만나는 정원을 발전시킵니다. 시야를 터서 멀리 바라보고, 숲길을 느리게 산책하고, 호수 위 아름다운 다리를 건너며 백조와 함께 뱃놀이도 즐기는 곳, 꼭 처음부터 그랬던 것처럼 수면과 지면의 기복을 살리는 자연스

인간이 통제하고 만든 자연스러운 자연에 대한 관점이 우리나라 정원의 개념과 비슷한 측면이 있죠? 그래서 우리나라 사람들이 영국 정원 스타일 중 전원풍인 코티지 스타일을 좋아하나 봅니다.

[*] 랜실롯 브라운(Lancelot Brown).

럽고 조화로운 조경이 그가 만드는 정원의 특징입니다. 아름다운 연인이 언덕 위 정자에서 사랑을 속삭일 것만 같은 분위기 탓에 풍경식 정원은 영화 배경으로도 자주 등장해 로맨틱함을 더합니다. "사랑은 정원에서!" 라는 말처럼 로맨틱하고 비밀스러운 분위기가 정원의 매력 중 하나인 것 같습니다.

영국은 정원의 나라로 불리는 만큼 정원이 셀 수 없이 많습니다. 규모가 큰 정원도 400개가 넘지요. 영화 「오만과 편견」에 나오는 스타우어헤드 정원stourhead garden, 케이퍼빌리티 브라운의 블레넘 궁전Blenheim Palace 정원, 셰필드Sheffield 정원 등이 유명합니다.

> 영국에는 정원이 많은 만큼 가든 센터도 우리나라의 대형슈퍼 못지않게 많습니다. 그들이 정원에 쏟은 공과 노력이 이처럼 부러운 환경을 만든 것이죠.

스토우 가든(Stowe House Garden)

치즈윅 앞마당에서 바라본 건물 모습(1)과 정원에 있는 이오니아 신전(2)입니다.

로우샴 정원(Rousham Garden)도 윌리엄 켄트의 작품입니다.
영화에 나오는 호빗 동산 같네요.

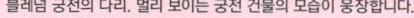
블레넘 궁전의 다리. 멀리 보이는 궁전 건물의 모습이 웅장합니다.

셰필드 공원에 만병초(진달래과의 상록관목)가 피었습니다.

코티지 정원

코티지 정원은 시골·전원풍 스타일을 말합니다. 우리나라로 치면 정자와 물레방아, 장독대와 담장이 있는 풍경이지요. 유럽 시골집 정원도 초가의 돌이나 벽돌 건물, 담장, 목재 울타리에 계절별로 형형색색의 초화(꽃)가 피어 아름답습니다.

코티지의 본 터인 영국 코티지 정원을 소개하기 전에 우리에게 익숙한 타샤 튜더Tasha Tudor의 정원을 먼저 언급할게요. 동화작가이자 정원사인 타샤의 미국 버몬트 정원도 코티지 스타일이거든요. 타샤의 정원은 18세기 바로크 양식보다 더 장식적이고 화려한 로코코 양식의 정원으로 회귀한 공간입니다. 타샤가 그린 동화보다 더 동화 같은 삶을 살게 해준 곳이지요. 2007년경 그녀가 살아 있을 당시 우리나라에서 책이 출판되면서 타샤의 정원은 애호가들의 성지가 되었답니다.

> 타샤가 살다간 20세기는 문화 예술, 경제의 구심점이 유럽이 아닌 미국으로 옮아온 시대입니다. 그럼에도 불구하고 그녀가 구축한 자신만의 시간과 공간이 많은 사람들의 사랑을 받았다는 점이 정말 놀랍습니다.

코티지 정원 역사에 한 획을 그은 두 사람을 소개합니다. 먼저 식물을 배치하고 심는 것을 디자인 예술로 끌어 올린 거트루드 지킬Gertrude Jekyll, 그녀가 만든 헤스터콤 정원Hestercombe Gardens에서는 식물 본연의 아름다움을 끌어낸 디자인의 정수를 엿볼 수 있습니다. 와일드 가든과 잉글리쉬 식재 패턴을 세운 윌리엄 로빈슨William Robinson은 영국 화훼 정원의 시조입니다. 그레이브타이 메너 정원gravetye manor garden은 그의 나이 47세 때 구입하여 이후 50년간 여생을 보내며 디자인하고 가꾼 정원이에요. 지금은 호텔로 사용되고 있는데, 1세더인 만든 이가 사망하면서 호텔로 운영되는 곳이 많답니다.

타샤 튜더의 코티지 정원(1)

거투르드 지킬의 헤스터콤 정원과 식재디자인(2, 3, 4)

그레이브타이 메너 정원

코티지는 지역별 기후 및 내한성*을 고려한 야생화와 외래종, 귀화종 등의 식물을 특성에 맞게 배치하여 사계절 아름답게 즐기는 정원입니다. 꽃은 필 때와 마찬가지로 질 때도 아름다워요. 수국과 나무수국, 여름수국은 꽃이 지면서 더 묘하고 아름다운 색으로 변한답니다. 가을에 포푸리potpourri**로 만들어 겨울까지 즐길 수도 있지만 지는 꽃 그 자체도 아름답습니다. 서리와 눈이 내린 정원 풍경도 멋스럽고요.

포푸리

정원을 만들 때는 주로 그 지역에 흔한 자재를 씁니다. 지방색이 느껴지는 재료를 사용하여 돌담과 목책 울타리, 초가지붕과도 잘 어우러지도록 만들죠. 트렐리스trellis에 장미나 등꽃으로 담과 현관을 아름답게 꾸미는 것도 전형적인 코티지 정원 이미지입니다.

트렐리스를 이용하여 꾸민 정원

---

* 추위를 견디어 내는 성질이나 그런 능력.
** 말린 꽃, 나뭇잎을 섞은 방향제.

코티지 정원 꽃 도감

나무수국

디기탈리스
(폭스글러브)

작약

부들레아

물망초

루피너스

라벤더

델피늄

에린지움

수국

으아리
(클레마티스)

세이지

제비꼬깔꽃으로 불리는 델피늄, 디기탈리스(폭스글로브), 루피너스처럼 꽃대가 뻗은 식재와 형형색색의 작약, 라벤더, 세이지, 에린지움, 물망초 같은 꽃이 흐드러지게 피어 조화로움과 화려함의 극치를 이룹니다.

코티지 정원은 환경과 색상, 질감, 겨울을 고려한 상록수 배치 등 한 차원 높은 단계의 식재 기법을 도입한 것이라 식물에 대한 지식이 많이 필요합니다. 예를 들어 영국 정원의 으아리(클레마티스)와 부들레아는 줄기가 우리나라 포도나무보다 굵은데요. 식재할 때 이런 세세한 사항을 알고 있어야 조화로운 정원을 조성할 수 있겠죠.

어반 정원

시대가 흐르고 인구 밀집도가 높아진 탓에 도심에서 넓은 정원을 가지는 데 한계가 있습니다. 대한민국 서울, 경기 지역은 다른 어느 나라의 도심보다 녹지가 부족하지요. 그래서 요즘에는 발코니, 테라스, 옥상 등에 비교적 작은 규모지만 공간의 특성을 살린 독특한 도시형 정원을 많이 만듭니다. 익스테리어* 개념으로 야외 거실 형태의 정원을 만들어 즐기는 거죠. 도시 농부, 손바닥 정원 같은 개념도 생겨났고요. 다양한 형태의 공간과 개성 있는 디자인이 특징입니다.

어반 정원을 조성할 때는 건물 및 인테리어와 이질적이지 않은 소재를 선택합니다. 너무 화려한 색상은 피하고 되도록 복잡해 보이지 않게 조성하죠. 사용할 사람들의 라이프스타일을 고려하여 공간에 목적을 담아냅니다.

어반 정원은 이용하지 않는 죽은 공간을 살려내는 의미도 큰데요. 몇

---

* 건물의 외관, 조경 등 외부의 부속 구조물이나 그들을 포함한 공간을 말한다.

도심의 작은 공간에 정원을 조성합니다.
야외 거실 같은 개념으로 이용하는 거죠.

몇 작업 사례를 소개해보겠습니다. 틈새 공간을 멋지게 활용한 사례입니다. 건물과 건물 사이 좁은 골목 코너에 퍼걸러*를 만들고 그 안에 테이블과 의자, 조명과 콘센트를 놓았습니다. 와이파이까지 설치해 컴퓨터나 독서를 할 수 있는 개인 공간을 만들었지요.

또 노모를 위해 거실과 현관 앞 계단 위로 데크를 내고 정원에 쉽게 다닐 수 있도록 작업한 적이 있는데요. 데크 아래 빈 공간에는 개집과 창고, 사물함을 만들었답니다. 공간의 호용 가치를 높이고, 보다 편리하며 아름답게 즐길 수 있다면 성공한 디자인이라 할 수 있겠죠.

요즘에는 도심의 건축물과 어울리면서, 이용자들의 목적에 맞고 관리가 쉬운 간결한 정원도 많이 보입니다. 모던한 건물에는 수크령(볏과의 여러해살이풀) 강아지풀만 심거나, 그라스(볏과 식물) 억새류를 이용하는 등 심플함을 추구하는 식재기법을 주로 쓰지요.

수크령과 억새 그린라이트가 심긴 간결한 풍경의 정원입니다.

---

* 뜰이나 편평한 지붕 위에 나무를 가로 세로로 얹고 등나무 따위의 덩굴성 식물을 올려 만든 서양식 정자나 길 (pergola).

컨템퍼러리 정원

철학, 미학, 건축학 등 학문이 추구하는 주된 사상은 끊임없이 변해왔습니다. 르네상스, 바로크, 로코코, 신고전주의, 낭만주의, 모더니즘, 추상표현주의, 미니멀리즘, 산업사회… 이러한 단어는 시대의 변화에 따라 바뀌는 양식을 표현하고 있지요.

오래전 인류가 그린 벽화는 주술적인 기능이 컸습니다. 사냥에서 다치지 않고 무사 기환을 바라거나 풍요를 기원하기도 했죠. 이후 사실적 묘사를 거쳐 다시 신적인 과장을 표현하는 기법이 유행했습니다. 빛(후광)으로 권력과 부의 상징을 성스럽게 묘사한 것이죠. 빛을 사용한 기법은 근대 미술에서는 추상으로 가는 문을 엽니다.

컨템퍼러리contemporary는 '동시대의, 당대의'라는 의미를 지녔습니다. 즉, 컨템퍼러리 예술은 우리가 사는 시대를 반영하여 신선하고 새로운 것을 추구하는 경향을 말하지요. 미술 사조思潮는 건축·정원 사조와도 밀접하답니다. 그렇기 때문에 고전주의 컨셉의 정원에는 고전주의 양식의 분수가 놓이는 것이죠. 컨템퍼러리 정원은 최신 조류潮流를 이끌며, 요즘에는 각종 전위적인 형태까지 수용하는 상황입니다.

전위 미술의 예를 한번 들어볼게요. 키네틱아트(Kinetic Art)는 어떤 수단을 이용해서 움직이도록 만든 작품을 말해요. 바람이나 손은 물론 모터 장치를 이용한 작품도 해당하죠. 형태나 색채의 장력(張力)을 이용하여 시각적으로 착각을 다룬 추상 미술인 옵아트(Op Art)도 있습니다. 앙상블라주(Assemblage)는 여러분이 잘 알고 있는 콜라주 기법을 말해요. 갖가지 물건을 끌어 모아 작품을 구성하는 기법이죠. 각종 설치미술과 퍼포먼스는 정원의 모습에도 영향을 미치고 있답니다.

컨템퍼러리 정원의 모습. 확실히 앞서 나왔던 정원들과는 그 모습이 조금 다르지요?
구조물을 새롭게 활용한 모습이 눈에 띕니다.

정원은 종합예술을 담아내는 훌륭한 화기입니다. 디자이너, 엔지니어, 문학가, 시인, 무용가, 음악가 등 예술가들의 스케치북이자 무대지요. 그 무대가 다양할수록 우리의 문화 수준이 깊이 성숙하리라 생각해요. 그 어떤 제재도 없는 가능성의 정원. 전위적이어도, 도발적이어도, 얼음으로 만들어 일순간에 사라지더라도 우리는 컨템퍼러리 형식을 통해 상상을 통제하지 말고 무한한 가능성을 펼쳐보여야 합니다.

물론 컨템퍼러리 정원을 개인의 공간에서 일상적으로 접하기는 힘듭니다. 그렇다면 찾아서라도 접하고 즐겨야지요. 공적인 정원에서의 예술·시각적 충격은 재미와 호기심을 유발하기도 합니다. 컨템퍼러리 정원은 모든 가능성을 열어놓은 정원이니까요.

모던&내추럴 스타일

모던하고 심플한 공간과 재료 본연의 멋이 극적인 조화를 이루는 디자인입니다. 주로 신소재 재료와 손맛이 느껴지는 재료를 사용하지요.

조각가 이우환은 자연미 가득한 돌에 철판이나 철을 조합하여 느닷없는 공간이나 아무 것도 없는 실내에 배치한 작품을 선보입니다. 건축가 안

모던한 공간에 견결한 자연스러움을 연출한 이우환의 작품

도 다다오Ando Tadao는 노출콘크리트 건물에 물과 바람을 담아내어 단순하면서 극적인 조화를 이루는 공간을 만들어냈지요.

정원은 어떨까요? 모던한 패턴과 소재를 사용한 공간에 가공하지 않은 잡초를 심은 듯 물결치는 자연스러운 식재 패턴은 의외로 잘 어울립니다. 이 기법은 인테리어에서도 사용되는데요. 노출콘크리트 벽면에 고재목 느낌이 나는 소재를 사용하거나 자연석에 홈을 파서 세면기를 만드는 식이죠. 무늬결이 아름다운 목재의 가공하지 않은 듯한 형태, 철이나 유리의 만남은 간결하면서 색다른 느낌을 주기 때문에 보는 이로 하여금 강렬한 인상을 남깁니다.

안도 다다오가 지은 효고현립미술관(1)과
제주도 섭지코지에 위치한 지니어스 로사이(2)

키친 정원(텃밭)

키친 정원에는 식용 꽃과 허브류를 심어 향료를 간들고 차를 마십니다. 약초와 채소, 꽃도 심어 입과 눈이 즐거운 우리네 텃밭이나 과수원과 같은 형태라 할 수 있는데, 먹는 것만이 아닌 보는 아름다움도 담아내는 꽃밭과 혼합된 스타일로 보면 됩니다. 과수가 열리는 나무들은 봄에 화려한 꽃을 피우고, 익어가는 열매의 색과 모양은 여름에서 가을까지 꽃처럼 아름답습니다. 상추, 배추 같은 엽채류 식물도 색상, 형태 별로 꽃처럼 심어 입과 눈이 즐거운 정원이지요.

영국은 자주 오락가락하는 비 때문에 쨍한 햇살이 부족하여 맛있는 과일을 만들어내기 힘든 환경인데요. 에스펠리어espalier* 구조를 이용해 사과나무나 체리나무 등의 가지를 벌리거나 유인하여 빛을 많이 받을 수 있게 하거나, 햇빛을 충분히 받고 수확하기 쉽도록 경계가 낮은 산울타리를 사용하기도 합니다. 환경을 극복하기 위한 기술과 지혜가 참으로 놀랍습니다.

키친 가든의 대표 작가로는 영국의 로즈메리 비어리Rosemary Verey를 꼽을 수 있습니다. 그녀는 텃밭을 꽃밭의 경지에 올려놓은 사람이에요. 그녀가 만든 대표 정원은 반슬레이 하우스Barnsley House의 키친 가든입니다. 그녀의 집이지요. 키친 가든이지만 꽃과 상록의 나무들로 포멀형 패턴을 섞어 겨울에도 아름답도록 디자인했어요. 그녀가 사망한 후에 아들이 호텔로 운영하고 있습니다.

키친 가든의 역사는 깊습니다. 식물을 종류별로 심는 방법은 이미 사용되고 있었죠. 로즈메리 비어리는 정원에 점, 선, 면을 연결하고 축을 사

---

* 벽에 붙여놓은 틀을 타고 납작하게 붙어 자라는 나무, 또는 그 나무가 타고 자라게 만든 틀.

용하는 섬세한 식재를 도입합니다. 그녀는 가든 디자이너 피터 코츠Peter Coats의 조언을 새기고, 정원 작가이며 식물 수집가인 낸시 린지Nancy Lindsay의 식재 노하우를 익히고, 러셀 페이지Russell Page의 정원 책을 탐독하며 16~17세기 정원의 요소를 융합하고 영국 고전부흥 양식을 발전시킵니다.

프랑스식 빌랑드리Château de Villandry 키친 가든은 포멀한 문양의 장식성이 강한 반면, 로즈메리 비어리의 정원은 회양목 등 상록의 정형적 틀로 단정한 느낌을 줍니다. 또한 꽃과 채소, 허브를 부드럽게 식재하는 자신만의 디자인을 구사하지요. 정원을 만들고, 책을 쓰고, 미국으로 강연을 다니는 등 전문가로 성장한 그녀는 찰스Charles Windsor 황태자의 정원과 가수 엘튼 존Elton John의 정원도 만들었어요. 영국의 대영 훈장을 타고, 왕립협회에서 주는 상도 받습니다. 환갑이 넘어 전문가로서 더 왕성한 활동을 한 그녀의 정원에 대한 열정이 대단합니다.

영화 「사랑은 너무 복잡해」(It's Complicated, 2009)에도 키친 가든이 나와요. 영화 속 제인(메릴 스트립)네 집 정원을 보면 텃밭도 꽃밭처럼 아름답습니다. 로즈메리 비어리처럼 과수나무로 볼륨감을 주거나, 상록으로 겨울에도 휑하지 않은 디자인은 아니지만 채소류의 색상과 질감, 모양이 어우러져 환상적입니다.

「사랑은 너무 복잡해」에 등장하는 제인의 텃밭입니다. 색감이 아름답네요.

옥상 텃밭(1)과 트렐리스(2), 에스펠리어 기법으로 키우는 식물(3), 계단식 토양포에 식재한 딸기(4)입니다.

로즈메리 비어리의 반슬레이 하우스 키친 가든입니다.

빌랑드리 키친 가든으로 상록의 관목 및 조화류와 더불어 식용 채소를
색감 있게 식재하여 겨울에도 썰렁하지 않도록 아름답게 조성한 텃밭이에요.

기타

이외에도 지역 특성에 따른 구분, 식재 패턴에 따른 구분 등 여러 가지 기준이 있는데, 모두 유사한 의미로 볼 수 있습니다. 스타일별 식재가 곧 지역별 식재를 의미하기도 하고 특정 디자이너의 독창적인 식재법이 스타일을 규정짓기도 하지요. 뉴웨이브 스타일, 락 가든 스타일, 지중해 스타일, 아열대 스타일… 이처럼 다양한 정원의 식재 스타일과 가든 스타일을 같은 의미로 볼 수 있어요. 더 세분하여 식물의 색상에 따라 분류할 수도 있습니다. 화이트 가든, 흰색, 분홍, 연보라 계통의 식물을 주로 심는 로맨틱 가든, 원색의 강렬함과 빨강, 검정 등 짙은 색상의 식물을 심는 열정적인 가든, 장미를 주로 심는 로즈 가든과 허브 가든도 있답니다.

마지막으로 독특하고 별난 정원을 소개할게요. 시인이자 문학가인 이안 해밀턴 핀레이Ian Hamilton Finlay는 전쟁의 경험을 예술적, 철학적, 문학적 영감에 녹여 영국 우시섬에 정원을 만듭니다. 그만의 이야기가 담긴 정원이죠. 그는 정원에 시를 새겨 넣기도 하고, 화가를 기념하는 다리와 조각물, 전차바퀴를 설치하기도 합니다. 그가 추구하는 시적인 상징성과 은유를 담고 있는 사유의 정원이라 사람들이 생각하는 보통의 정원과는 다르답니다. 때문에 사람마다 정원을 관람하는 포인트가 다르고 감상에도 차이가 클 거예요.

작고한 프랑스의 유명 여성 조각가 니키 드 생팔Niki de Saint-phalle이 스페인에 만든 타로 정원Tarot Garde은 마치 귀신의

해밀턴 핀레이의 정원에는 그의 예술적 영감이 고스란히 녹아있습니다.

집처럼 조금은 무섭고 기묘하게 생겼습니다. 콜라주와 모자이크 기법을 이용한 듯한 그녀의 조각 작품을 바탕으로 1998년에 오픈한 정원인데요. 무려 20년간 조성했다고 해요. 독특하고 재미있는 동화 같은 형상, 화려한 색상과 모자이크 기법의 타일 시공이 특징인데요. 묘하게도 스페인 건축가 가우디Antoni Gaudi의 작품 중 하나인 구엘 공원Park Güell의 타일 모자이크 작품과 많이 닮았습니다.

기묘한 조각 작품이 반기고 있는 니키 드 생팔의 타로 정원입니다.

기발한 아이디어가 돋보이는 정원을 보니 여러분도 아이디어가 막 샘솟지 않나요?

한·중·일 정원,
자연을 들이다

우리나라에서는 정원 만드는 일을 '조경造景'이라고 합니다. 이웃나라 일본은 '조원造園'이라 하고 중국에서는 '원림園林'이라고 하지요. 모두 '원園' 안에 정원을 담아내는 일이나, 그 과정과 의미가 조금씩 다릅니다. 우리나라의 조경에는 차경借景이라는 개념이 있어요. 말 그대로 경치를 빌린다는 뜻인데요. 정원을 만들 때 주변 경관을 끌어들여 풍경을 연결시키는 기법입니다. 시골집 정원과 이웃집 돌담, 동네를 흐르는 개울, 뒷산이 자연스럽게 어울리는 모습이 상상되시죠. 즉 자연을 훼손하거나 왜곡하지 않고 조화를 추구한다는 뜻입니다. 중국과 일본의 정원은 어떨까요? 우리나라와 비슷한 것 같으면서도 다른 그들의 정원을 한번 살펴봅시다.

중국 정원

중국 정원은 마치 별세계에 온 듯 조금 과한 면이 있습니다. 기기묘묘한 괴석으로 산과 동굴, 연못을 조성하고 건물과 정자의 추녀, 구름다리 모양도 지나치게 멋 부린 느낌이죠. 넓은 국토만큼 커다란 정원과는 양극단에 있는 분재정원(분경)은 미니어처의 세계로, 걸리버가 되어 호기심을 품고 소인국 숲을 들여다보는 듯한 즐거움을 줍니다. 중국 정원에 들어서는 순간 우리는 무릉도원이나 피안*의 세계에 온 것 같은 착각에 빠집니다. 중국 무술영화를 보면 허풍과 과장이 심하잖아요? 정원에서도 같은 분위기가 풍깁니다.

기록을 살펴보면 기원전 255년, 진시황제가 길이가 12km나 되는 규모의 정원을 만들었다고 해요. 그보다 더 오래된 정원도 있다고 하니 중국 정원은 역사가 정말 깊네요. 대표적인 정원에는 망사원, 안란원, 상해시에 있는 예원과 유원 등이 있습니다.

중국과 일본, 우리나라는 지형적 특성상 카펫 정원 형태를 가질 수 없어요. 평지로 이루어진 유럽 대부분의 국가에 비해 산과 계곡이 높고 깊기 때문이죠. 또한 포멀 정원의 특징인 정형적인 대칭도 익숙하지 않습니다.

중국 정원은 오히려 풍경식 정원에 가까워요. 자연미와 인공미를 함께 사용하여 자연 경관보다 붉은 색을 사용해 강렬한 색상 대비를 주고, 기하학적 무늬의 전돌로 바닥을 포장하지요. 또 기괴한 괴석을 배치하여 끊임없는 변화를 주어 자연을 과장하며 흥미를 유발시킵니다.

> 중국 정원의 과장된 형태를 계급층의 글과 문법, 생활방식과 예법, 사물에 정한 엄격한 규칙과 체제 유지 강박에서 벗어나고자 하는 소망의 소극적 표출로 보는 설도 있습니다.

중국 정원은 자신들의 글과 그림의 이미지를 정원화하며 상상 너머의 다양한 시점을 열어줍니다. 전체를 한눈에 드러나게 하지 않고 색다른 경

---

* 현실적으로 존재하지 않고 관념적으로 생각해낸 현실 밖의 세계.

중국 쑤저우 시에 있는 망사원입니다. 처마 선을 보세요.
과장된 멋이 느껴지죠?

예원의 후신팅과 연못

중국 4대 정원의 하나이자 세계문화유산으로 유명한 유원입니다.

뉴욕에 조성된 중국학자들의 정원(The New York Chinese Scholar's Garden)입니다.
연못가의 괴석이 눈길을 사로잡네요.

치가 계속 나타나도록 하여 허와 실의 경계를 넘나든다는 평가를 받기도 하지요. 원근의 왜곡, 눈속임을 주는 그림, 꿈과 현실을 넘나드는 듯한 공간 창출 기법에 능해 환상의 정원이라고도 부른답니다. '속내를 안 보이고 의심이 많다'는 중국인을 설명하는 속설만큼 중국 정원은 그들을 닮았나 봅니다.

중국 정원은 이상한 나라의 앨리스에 나올 법한 신기한 상상의 세계를 연출합니다. 정원의 흐름이 다리에서 정자로, 동그란 문에서 기암괴석의 폭포 소리가 웅장한 연못으로, 다시 산울타리, 비밀의 화원 너머로, 동굴로…, 끝없이 반복되죠.

중국 정원은 규모도 크고 수도 많습니다. 또한 세계적으로 그 역사성을 인정받고 있지요. "구멍 숭숭 뚫린 괴석에 기생처럼 화려한 멋을 잔뜩 부린 정자의 추녀는 선이 너무 과한 것 같아. 우리 정원이 점잖으면서 자연스럽고 좋다고" 속으로 가끔 볼멘소리를 하지만 대단한 점이 참 많습니다.

중국 정원은 무엇보다 디자이너의 실력이 중요합니다. 과장되고 예상치 못했던 풍경이 끊임없이 반복되는 구성으로 감탄을 자아내기는 정말 힘든 일이거든요. 조금만 욕심 부려도 조잡해지기 십상일 테니까요.

외국에서는 중국 정원이 한국과 일본 등지의 아시아에 영향을 준 것으로 평합니다. 국가 경쟁력이 문화적 수준까지 받쳐준다면 영국의 풍경식 정원처럼 우리나라 정원의 독특함도 세계에 알릴 수 있을 텐데 지금은 중국과 일본 정원에 묻혀 간과되는 현실이 안타깝습니다. 우리나라의 정원 관련 사업, 서적, 육종 모두 열악하다는 사실을 인정하지 않을 수 없어 더 안타까울

우리나라 정원은 가급적 자연을 거스르지 않으려는 성향이 있고, 일본은 극적으로 절제하는 스타일입니다. 세 나라 모두 각기 개성이 분명해 어느 것이 더 낫다고 할 수 없을 정도로 다른 매력이 있지요.

뿐이고요. 하지만 그럴수록 강대국의 발전된 정원을 보면서 좋은 점은 끊임없이 배우고 우리 것으로 받아들여야 합니다. 우리는 창조 앞에서 결코 순결하거나 결백할 수 없습니다. 다른 이의 작업을 보면서 더 진화된 생각을 하게 되고, 그것은 바로 창의력의 원동력이 되니까요.

일본 정원

일본은 고산수*식 정원이 유명합니다. 섬처럼 놓인 자연석 주변에 마사토를 뿌려 물결 문양으로 빗질하듯 정리해놓은 것이 특징이죠. 이끼와 분재형 수목을 단정하게 구성해 깔끔함을 넘어 조심스럽고, 그저 보기만 해야 할 것 같은 정원입니다.

일본은 유럽 문물을 빨리 받아들인 탓에 교류도 활발했습니다. 덕분에 일본 미술의 판화와 정원 형식은 현대의 모던 감각과 맞아 떨어지면서 세계적으로도 알려지게 되었죠.

일본의 정원 스타일은 중국의 분경과 분재처럼 절대적 크기를 넘나들고, 상상 외의 경치가 계속 펼쳐진다는 구조가 유사하지만 독창적인 형태미를 가집니다. 특히 마사물결은 막부 시대 자객이 침입한 흔적을 남기기 위한 혼란기 생존 수단이에요. 마치 사무라이가 상대를 제압하듯 자연을 옴짝 못하게 잡아매는 '꼼짝 마' 스타일을 정원에도 적용한 것으로 보입니다.

일본은 다양한 종교가 도입되어 민중의 토착신앙이 형성된 나라입니다. 때문에 부족 간 끊임없는 내란이 발생해 자칫 혼란스러워 보이는 자연스러운 형태보다는 정리 정돈이 잘된 단순함을 정원에 도입하게 되었죠. 사

---

* 동양의 정원 구성양식의 하나로 식물과 물 없이 이루어진 정원.

려 깊고, 신중하며, 인내심이 있는 극단적인 표현이 조형감으로, 미니멀한 멋진 스타일로 인정받는 모습이 조금은 부럽고 샘이 납니다. 한국 정원은 자연적인 측면이 두드러져 미학적으로 제대로 평가받지 못하고 있는 실정이거든요. 과하게 꾸미고 도섭을 떠는 듯한 중국 정원, 인간적인 푸근함이 결여된 일본 정원에 비해 자연적이고 인간적인 우리 정원도 어디서건 빠지지 않는다고 주장하고 싶지만 자화자찬이 아닌 평가, 관점이 다른 비평으로 우리 정원의 철학을 뒷받침할 지식 부족에 답답할 따름입니다.

일본의 기후는 우리나라와는 좀 다른데요, 습도와 온난함이 흡사 제주도의 기후와 유사합니다. 덕분에 영국식 정원 식재 패턴도 잘됩니다. 연못에는 전락과 이락이라는 두 개의 물줄기로 폭포를 두어 세련미를 살리고, 그 물의 흐름에 자신들의 세계관을 담아냅니다. 꽃의 흐름을 이용한 식물폭포, 광물을 이용한 폭포와 물결을 치밀하게 구현하고 있죠.

대부분의 일본 정원에서는 잘 놓인 입석을 볼 수 있어요. 작은 땅에 만들던 정원에는 사케이 정원이라는 새로운 스타일을 도입해 원, 근, 고, 저가 자유로운 개방적인 넓은 정원을 만들기도 하지요. 그 이전에 주로 대나무나 초록의 막으로 가려 닫힌 소우주를 지향하며 배경인 자연과도 섞이지 않도록 단독적인 이미지를 가지던 정원에서 벗어난 겁니다.

아무튼 넓은 대지의 중국 정원과 달리 작은 규모의 일본 정원은 산책하며 관상하고 움직임에 따라 변화를 주기보다는 한 곳에 정지하여 바라보는 관상정원의 특성이 두드러집니다.

일본 정원은 발을 들이거나 범접하는 것을 용납하지 않습니다. 열린 일본식 문틀 안으로 들어오는 풍광, 이 한 폭에 펼쳐진 정원 안에 함축된 의미를 담아내야 하기 때문에 정원에 선禪*적인 화두를 던져놓지 않았나 싶어요. 우주적인 분위기, 인간의 힘이 미치지 않는 신의 성역 같은 상징성을 지니는 것이죠. 시시각각 변하는 햇빛, 안개, 바람, 달라지는 계절은 정원의 분위기를 몽환적으로 만듭니다. 여름에 문을 열어 액자처럼 풍경을 즐겼다면 겨울에는 닫힌 정원으로 문 안쪽 장지**에 에부스마라는 꽃 그림을 붙여 그림 정원을 즐기지요. 겨울이 아니어도 문을 닫으면 꽃 그림이 있는 것이죠. 안팎으로 정원을 들이는 그들만의 방식입니다. 닫힌 정원은 겨울에는 정원이 잠을 자고, 쉰다는 의미도 있습니다.

> 우리나라에서도 문에 바른 창호지 사이에 코스모스 등 꽃잎을 넣어 예쁘게 꾸미곤 했답니다. 할머니 집에 가면 볼 수 있었는데, 지금은 거의 사라지고 없지요.

  일본 정원을 이야기하다 보니 일본 에도 시대 하이쿠 작가로 유명한 바쇼의 시가 생각납니다. 일본은 시도 참 간결하네요. 제가 좋아하는 하이쿠 두 소절을 소개합니다.

"눈 내린 아침!
얼마나 아름다운가,
평소에는 미움 받는 까마귀조차도"

"절에 가니 파리가
사람들을 따라
합장을 하네"

---

* 마음을 한곳에 모아 고요히 생각하는 일.
** 방과 방 사이. 또는 방과 마루 사이에 칸을 막아 끼우는 문.

간단하고 설명적인 세 줄의 글이 일본 정원만큼 단순한 아름다움을 뿜
냅니다. 머리가 복잡하지도 않고, 감정상 복받치지도 않는 간결함에 "호…
그렇군" 하고 고개를 끄덕이게 되지요.

2014년에 팔순 노모와 일본 나가사키로 꽃 박람회를 보러 간 일이 있습
니다. 그때 싸리나무를 본 노모의 말씀이 "왜정 때 일본놈이 싸리씨도 공
출해가고, 간솔가지도 공출하고, 아편 심어놓은 것도 공출해가고, 안 해
간기 없더만, 이넘들 싸리 여다 다 심었는갑다" 하시더군요. 일제강점기
때 그들은 원예 종자의 가치를 일찌감치 알아차렸나 봅니다. 우리나라 식
물을 거의 채집해가고 자기들 것으로 만든 걸 보면요. 전국에 남은 느티
나무는 그나마 서낭당 지기 역할로 조금 남은 것이라는 말도 있고, 제사
지내는 제기에, 놋그릇, 밥그릇까지 공출이라는 이름으로 약탈해 갔다고
하니 그야말로 싹싹 긁어간 것이죠. 일본과 영국, 어찌되었건 그들의 조상
은 안목 있는 도적입니다.

깔끔하게 정리된 마사토 물결이 마치 파도 같지 않나요?

일본의 고산수식 정원은 흐트러짐 없는 단정함이 특징입니다.
한 폭에 고스란히 담기는 풍경이 아름답네요.

정말 대단한 사실은 중세부터 오늘날까지 일본에서 발간된 원예서가 세계적으로 프랑스와 견줄 만하다는 건데요. "정원이란, 사람들이 꿈의 저쪽에 있는 실재를 알 수 없는 것을 알 수 있게 하는 경지를 얻기 위한 하나의 수단이다"라고 적고 있는 『사쿠테이키』는 최고의 정원서로 꼽힌답니다.

이처럼 일본은 정원 산업이 발달하고 원예잡지도 많이 출간되고 있는데, 우리나라는 월간지 2종, 조경신문이 창간된 지 그리 오래지 않아 아쉽습니다. 우리가 일상에서 볼 수 있는 야생화마저 일본에서 원예종으로 개량한 것을 수입해서 보급하는 형편이니…, 소비자들의 욕구에 부합하지 못하는 원예 분야의 낙후된 현실도 안타까운 일이지요.

정원 산업이 발달하기 위해서는 안목을 키우고 영역을 넓혀가는 것이 중요합니다. 더불어 우리에게 맞는 식물 연구, 디자인, 재료와 소재, 유통망을 개발하는 것도 중요하고요. 문화적 발전도 동반되어야 함은 두말하면 잔소리입니다. 우리에게 정원은 무슨 의미이고 왜 필요한지, 정원을 어떻게 누리고 즐길 것인지, 어떤 정원을 만들 것인지, 누구와 나눌 것인지,

원론적인 이유를 고민하는 시간도 필요합니다. 집들이용, 과시용, 파티용으로 보여주기 위한 정원보다는 내면의 자아를 어루만져줄 가드닝이 취미로 자리 잡고, 환희의 열락에 젖기도 하는 성찰의 장소가 되어야겠지요. 정원 관련 산업도 폭넓게 발달하도록 말이에요.

한국 정원

마지막으로 한국 정원을 거닐며 과거를 돌아보고 현재를 고민하며 우리가 가져야 할 자부심을 생각해봅시다. 한국의 궁궐 정원에는 창경궁, 창덕궁, 경복궁이 있습니다. 별서정원*으로는 소쇄원, 윤선도의 원림, 서석지 등이 있고

동백꽃

요. 도산서원, 병산서원, 소수서원 등은 서원 정원입니다. 사찰 정원에는 송광사, 동백꽃과 상사화로 유명한 선암사가 있지요. 강릉의 선교장과 오죽헌, 녹우당 등은 주택 정원이라 합니다.

　궁궐 정원 세 곳에는 각기 다른 멋이 존재합니다. 특히 경복궁 경회루 방지(사각 연못)를 만들며 파낸 흙으로 왕비의 침전인 교태전에 아미산을 쌓아 계단식 후원을 만들고, 꽃담장식과 굴뚝을 조성한 기술이 정말 놀라워요. 사각 수반 형태에 꽃꽂이를 하듯 심어놓은 소나무의 자태가 경회루의 묵직한 남성적 아름다움을 더욱 뽐냅니다. 상대적으로 여성적인 분위기의 향원정은 제가 고등학생일 때만 해도 그림 그리러 온 사람들이 많아 풍경에 사람까지 동화된 아름다움이 느껴졌답니다.

---

* 세속의 벼슬이나 당파싸움에 야합(野合)하지 않고 자연에 귀의하여 전원이나 산속 깊숙한 곳에 따로 집을 지어 유유자적한 생활을 즐기려고 만들어놓은 정원.

　상사화

경복궁 경회루와 연못. 임진왜란 때 불타서 돌기둥만 남았던 것을 고종 때 재건하였습니다.

향원의 '향'은 향기가 만리 간다는 뜻이라고 하네요.
보고만 있어도 조선시대로 돌아간 기분입니다.

경복궁 교태전 구들과 연결된 아미산의 굴뚝입니다.

종묘

창덕궁 후원

창경궁 대온실

경복궁의 경회루가 정형식 대칭 구도를 갖는다면 창경궁 정원은 자연환경을 그대로 살리는 기법을 사용했습니다. 창경궁은 경복궁, 덕수궁과 함께 일제강점기와 전쟁, 화재로 소실되어 복원사업이

덕수궁 전경

아직도 진행 중이에요. 제가 어릴 때 경복궁은 지금과 많이 달랐고, 창경궁은 일본이 동물원으로 개조해 오랜 기간 창경원으로 불리기도 했지요. 유능의 가랑이 벌린 석물이 조선을 비웃는 일본의 마음을 담은 것처럼 창경궁을 동물원으로 만든 것도 조선을 비웃는 일본의 치밀한 말살정책 중 하나입니다.

1909년(순종 3) 일제는 창경궁의 전각들을 헐어버려요. 그리고 그 안에 동물원과 식물원을 설치하고 궁원을 일본식으로 바꿔버리죠. 강제 한일합병조약韓日合倂條約이 이루어진 이후 1911년에는 기어이 창경궁을 창경원으로 격하시킵니다. 또 창경궁과 종묘를 잇는 산맥을 절단하여 도로를 설치했지요. 궁 안에 일본인들이 좋아하는 벚꽃을 수천 그루씩 심어 1924년부터 밤 벚꽃놀이를 하는 등 식민통치를 즐겼다고 합니다. 1984년에야 벚꽃나무를 소나무, 느티나무, 단풍나무 등으로 교체하고 한국 전통의 원림園林을 조성하는 등 원래 모습을 되찾기 시작했지요. 넓고 아름다운 창덕궁 후원은 비원, 금원으로 불릴 만큼 아름다워요. 종묘와 창덕궁은 유네스코 문화재로 지정되어 있답니다.

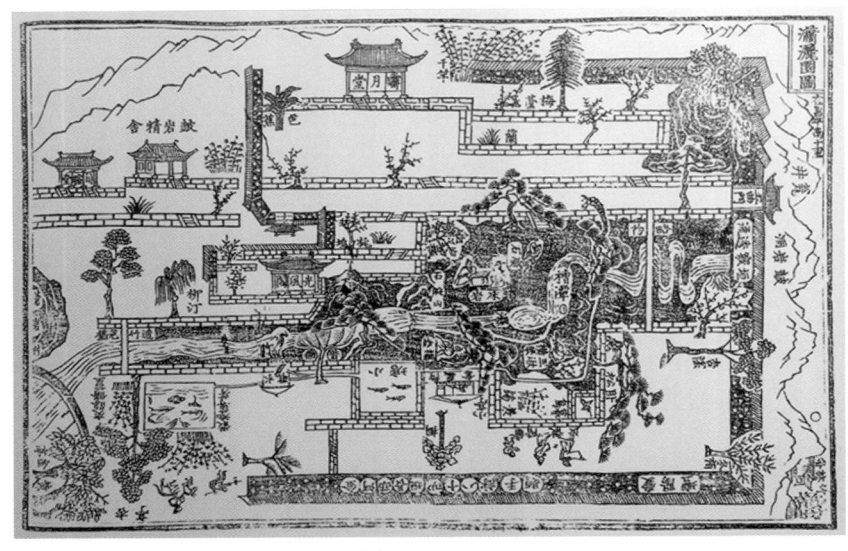

소쇄원의 모습이 깨알 같이 기록되어 있는 소쇄원 도면입니다.
물고기와 다양한 인물 표현을 보고 있으면 행복한 해학이 느껴집니다.

소쇄원은 자연과 조화를 잘 이루고 문학적 공간으로도 가치가 높습니다. 별서 정원은 주로 양반들이 경치 좋은 곳에 따로 집을 짓고 문학과 철학을 논하고 교류하는 아카데미라 할 수 있어요. 소쇄원에는 당시 정원 디자인의 흔적이 고스란히 남아 있습니다. 우리나라 민화 중 책거리 병풍화처럼 다시점에 지형별 모양과 높이, 심어놓은 식물 이름, 사람들까지 기록되어 있는 맛깔 나는 소쇄원 평면도를 소개합니다. 지금은 도면을 그릴 때 손보다는 컴퓨터 프로그램을 주로 사용하는데요. 3D 기법을 이용해 마치 정원이 눈앞에 펼쳐진 듯한 느낌을 주는 등 표현 방법이 진화되었지만 이 같은 형태미와 재미를 느끼기는 힘들죠.

소쇄원 오곡문 안과 바깥의 모습이에요.

소쇄원 광풍각의 가운데 방문을 올려 걸쇠로 걸면 그 사이를 자연이 관통합니다.

광풍각 현판과 문인들이 남긴 글을 새긴 목판의 모습입니다.
《소쇄원 48영》 등이 새겨져 있지요.

　광풍각을 보면 어떤 기분이 드나요? 그냥 오래된 정자 아니냐고요? 설명을 듣고 나면 달리 보일 거예요. 광풍각은 방문으로 구성된 문을 들어올리면 벽이 없어지는 구조인데요. 사방에서 풍경과 바람을 들이면서 자연을 거스르지 않는 아름다움의 극치에 숨이 턱 막힙니다. 문을 열어 걸면 사방의 풍경이 그대로 들어오고, 문을 들 때마다 한 폭, 두 폭 병풍이 펼쳐지듯 와이드 화면이 되지요. 문을 열 때마다 넓어지면서 달라지는 풍경에 저절로 경탄이 나옵니다. 있으면서 없고, 없으면서 있는 색즉시공, 공즉시색의 불교적 기반이 한옥 구조에 담긴 정신세계인지도 몰라요.

　소쇄원의 제월당은 주인이 거처하며 학문에 몰두하는 공간입니다. "비 갠 하늘의 상쾌한 달"이라는 의미를 지닌 현판의 글은 우암 송시열의 글씨인데요. '광풍각'은 "비 온 뒤 해가 뜨며 부는 청명한 바람"이라는 뜻으로 손님이 머무는 사랑방 역할을 하기도 합니다. 다른 정자처럼 사방이 뚫리지 않고 가운데 방이 있어 주거와 정자의 기능을 동시에 하게 만든 점도 독특합니다. 이곳에 당대의 무수한 학자들이 다녀가며 글과 시를 남겼다고 하니 괜히 숙연해져요. 제월당 처마 안쪽 기둥에는 김인후의 시「소쇄원 48영」이 걸려 있습니다. '단양 8경'을 노래하듯 소쇄원 속 아름다운 48경을 짧은 한시로 읊고 있지요. 소쇄원의 아름다움과 주인 양산박의 인품을 비유·은유한 시를 함께 읽어봅시다.*

제27영 낭떠러지에 흩어져 자라는 소나무와 국화 散崖松菊

북쪽의 고개는 층층이 푸르고 北嶺層層碧
동쪽 울타리엔 점점이 누런 황국이라 東籬點點黃
낭떠러지 장식하여 여기저기 심어 있고 緣崖雜亂植
세밑 늦가을 풍상에도 버티고 섰네 歲晩倚風霜

제35영 빗긴 처마 곁에 핀 사계화 斜簷四季

정작 꽃 중의 으뜸으로 치는 사계화 定自花中聖
사시로 청화함을 갖추어서인가 淸和備四時
초가지붕 비스듬해 더욱 운치 있어라 茅簷斜更好
매화와 대나무도 곧 알아준다네 梅竹是相知

---

* 전체 내용은 소쇄원 홈페이지에서 확인할 수 있다.

제43영 빗방울 떨어지는 파초잎 散崖松菊

어지러이 떨어지니 은 화살 던지는 듯 錯落投銀箭
푸른 비단 파초잎 높낮이로 춤을 추네 低昂舞翠綃
같지는 않으나 사향의 소리인가 不比思鄉廳
되레 사랑스러워라, 적막함 깨뜨려 주니 還憐破寂寥

48영 중 27영, 35영, 43영만 소개합니다. 48영을 읽으면 당시 소쇄원의 봄, 여름, 가을, 겨울을 상상할 수 있는데요. 꽃과 나무, 물과 바람, 우박의 묘사까지 자연을 대하는 김인후의 사상을 엿볼 수 있습니다. 소쇄원에 가면 양인용 시조 시인의 재미있는 해설도 들을 수 있어요. 소쇄원 홈페이지에 48영 전문이 쉽고 상세하게 풀이되어 있으니 꼭 한번 들러보세요.

소쇄원을 조성한 선비 양산보는 조광조의 제자로 17세 때 현량과에 합격했으나 나이가 어려 벼슬에 나가지는 못한 천재인데요. 그는 나뭇잎에 새겨진 '주초위왕(走肖爲王, 조씨가 왕이 된다)'이라는 글씨로 인해 반역자로 몰려 귀향길에 오른 스승을 유배지까지 모십니다. 후에 조광조가 사약을 받고 사망하자 이에 충격을 받고 벼슬길을 등지고 고향에 은둔하며 세운 곳이 바로 소쇄원이고요. 소쇄원이라는 이름은 양산보의 호를 따서 지었답니다.

소쇄원은 당대 최고의 문인과 사림 문화를 이끄는 교류처로 이용됩니다. 면앙 송순, 석천 임억령, 하서 김인후, 사촌 김윤제, 제봉 고경명, 송강 정철 등이 정치, 학문, 사상을 논하며 교류하던 곳이죠. 매화, 동백, 벽오

동에 산수유, 배롱나무, 산사나무, 치자나무, 살구나무가 있고 연꽃, 창포, 맥문동, 꽃무릇과 국화가 간결하게 핀 정원으로 수많은 사람들이 연구 논문을 쓰고 칭송하던 곳입니다. 덕분에 비경이나 화려한 꽃밭을 기대한 이들에게는 1400평의 소소한 크기에 협곡으로 이루어진 이곳이 실망스러울 수도 있으나 소박한 자연미의 진수를 보이는 곳이지요.

주로 선비들이 머물며 글과 철학을 논하던 곳이라 그런지 조상들은 명자나무도 요요해 마음을 들뜨게 하여 공부에 방해된다고 본 듯합니다. 소쇄원에는 색이 화려하고 요란한 꽃은 심지도 않았어요. 이국적인 파초나무가 고향, 혹은 잃어버린 것에 대한 향수를 불러일으키고, 오래 피는 목백일홍 그림자가 일렁이는 물가, 달빛이 머물다 지는 산 능선의 달맞이, 와석 암반을 타고 흐르는 듯 쏟아지는 폭포가 마음에 고요한 파문을 일으킵니다. 사람의 손길이라고는 폭포 물길을 갈라 나무 수로를 통해 연지에 물을 댄 흔적, 정각이 들어선 곳과 매화를 심어 감상하는 기단, 안과 밖을 가르는 담장이 지형의 높낮이와 수로를 바탕으로 구성되어 있는 것 말고는 모든 것이 자연 그대로입니다. 500년의 시간을 담고도 한결같은 소쇄원의 모습이 참으로 소소해 보입니다.

소쇄원에 많은 건축가, 조경가들이 끌리는 것은 이 고요한 신비로움 때문이 아닐까요? '오곡문이라는 담은 왜 쌓았을까?', '물길 위에도 담을 쌓았어야 했을까?', '여름의 끝자락에도 초화류가 보이지 않는데, 새삼 정원은 무엇일까?' 마음속에서 여러 가지 궁금증과 반문이 입니다. 소쇄원의 정원은 산과 연결되어 자연과 이어지도록 트여 있지만 담이 있어 안정적입니다. 담을 중심으로 정원은 내원과 외원으로 나뉘는데요. 담장 안은 양산보만의 세계이며, 산을 낀 자연은 바깥세상, 즉 정치적 배신과 야성이

동백

매화 　　　　　　　　　　　　　　산수유

명자나무

치자나무

연꽃

배롱나무

있는 곳을 상징합니다. 물 위로 담을 쌓고 수로식으로 아래를 뚫어놓은 것은 담 뒤 우물에서 일하는 아낙네와 머슴이 보이지 않게 하는 내외담의 역할도 하고요. 또 담장이 있음으로써 물의 기원에 대한 호기심이 증폭되는 기능도 합니다. 담이 없었다면 불품 없이 유입되는 계곡물의 모습이 드러나면서 광풍각 앞을 흐르는 멋이 상쇄되어 극적인 맛이 없었을 거예요. 우물가 여인들이 일하는 모습과 소란한 풍경이 펼쳐져 공간의 신비스러움이 무너졌을 거라는 생각이 듭니다.

기단을 따라 높낮이를 달리 흐르는 벽, 담을 끼고 있을 법한 대문이나 출입문이 없는 것도 안쪽 정원과 바깥쪽 자연을 조화롭게 어우르는 데 한몫 했다고 봅니다. 한옥의 오묘한 기법과 건축물이 앉은 터에 이르기까지 음양의 원칙을 철저하게 따르는 구조로 작지만 단조롭지 않고 변화로우나 조잡하지 않고 장식적이지 않다는 사실이 놀라울 뿐이에요. 건축가로 유명한 김수근 작가도 이 정원의 매력에 끌렸던 모양입니다. 돌아가시기 전에 소쇄원에 다시 가고 싶어 하셨다니 말이에요. 대단한 사람들이 대단하게 본 소쇄원의 가치가 궁금해집니다.

얼마 전 대학시절에 갔던 경포대를 다시 갔다가 깜짝 놀랐습니다. 경포대 누마루 건축디자인에 감탄했거든요. 천정 위 현판도 흥미로웠고요. 의미 있는 내용을 담고 걸려 있는 모습을 보자니 경건함에 보는 눈길조차 조심스러워졌습니다. 예전에 설치된 곳에서 옮겨와 지금 위치에 재

벚꽃이 화려하게 핀 경포대

건한 것이라고 하는데, 분명 원래 위치가 더 좋았을 테지만 지금 들어오는 풍광도 눈에만 머물지 않고 마음속까지 확 들어옵니다.

　홍시가 익어 주렁주렁 달린 길을 따라 감도 따먹고 경치도 구경하면서 도착한 서석지. 서석지 안 담장과 한 몸이 된 은행나무, 네모난 방지 연못 안에 핀 연꽃과 자연석 위에 돌을 쌓아 만든 사우단四友壇의 식재를 보고 놀랐던 기억이 납니다. 동양수묵화에서는 매(매화), 난(난초), 국(국화), 죽(대나무)을 사군자라고 하는데요. 사우단에는 변함없는 군자의 절개를 상징하는 소나무와 매화나무, 대나무, 국화를 심어놓았습니다. 경정루도 좋지만 주일재 안에서 방문을 열면 밖으로 보이는 풍광이 더 없이 편안합니다. 방문을 열어놓고 사우단과 연못을 그리던 기억이 나네요. 지키는 이도, 주인도 없는 열린 공간이라 누구의 방해도 받지 않고 즐기다 왔던 경험이 새록새록 떠오릅니다.

　서석지의 식재패턴은 동양북음東陽北陰의 원리를 따르고 있답니다. 귀향을 가거나 벼슬을 놓고 후학을 가르치기 위해 높은 학문의 경지에 이른 사람이 만든 정원이라서 그런지 드세거나 자랑하려고 화려하게 꾸민

서석지 경정루 대청에서 바라본 풍경입니다. 이런 곳에 앉아 시를 읊거나 공부했다니 옛 선비들은 공부할 맛이 절로 났을 것 같아요.

흔적은 보이지 않지요. 접근하기 힘든 일본식 정원과는 달리 우리 정원은 '어울림'이 큰 역할을 합니다. 만들 때도 자연과 어우러지고 세월 풍파에 사라질 때도 주변 환경으로 어우러지는, 생태적이면서 자연을 거스르지 않는 순리적인 정신

을 배경으로 하지요. 그래서 우리 정원은 물 같고 바람 같아 먹어도 먹어도 질리지 않습니다. 어찌 보면 특색이 없는 것 같지만 그 의미를 알고 가만히 보니 다른 나라의 정원과는 격이 다르지 않나요? 우리 정원의 훌륭함을 세계에 널리 알리고 싶지만 어딘가 비유하기에도, 송곳 같은 평을 하기에도 제 식견으로는 학문적 정립이 모자람을 느낍니다. 부디 이 책을 읽고 있는 여러분이 훌륭한 가든 디자이너가 되어 우리 정원을 세계에 널리 알리는 날이 오기를 바라요.

한국 정원은 분명 화려함이 지나친 중국 정원, 옹골차게 빈틈이 없는 장식적인 일본 정원과는 다릅니다. 웅장하고 장엄하나 다분히 건축적인 유럽식 정원과도 문화적 차원, 정신적 가치는 다르다고 생각해요. 수준 높은 고고함과 남성 위주의 정원이 주를 이루다 보니 화려한 초화화단의 식재패턴이나 원예, 초화를 다루는 기술, 나무를 다루는 기술면에서는 유럽이나 일본에 뒤떨어질 수밖에 없다는 생각이 들기도 합니다. 그나마 영국 풍경식 정원과는 조금 비슷한 면이 있고요.

정원 비평가 자크 브누아 메샹Jaques Benoist-Méchin의 관점에서는 한국 정원도 중국 정원의 영향을 받아 조형감이 부족하고 미학적 측면이 떨어지는 그저 자연을 흉내 낸 정원에 불과합니다. 하지만 그가 뭐라 하든 오늘의 영국 정원이 세계인에게 사랑받듯 우리나라의 정원도 주목받고 사랑받는 정원으로 거듭날 때입니다. 우리나라 곳곳에 숨은 정원을 모두 소개하고 싶으나 지면이 허락하지 않으니 여러분 스스로 많이 찾아가고 보고 즐기며 배우시기 바랍니다.

정원에서

정원의 의미에 대해 한번 생각해봅시다. 인간에게 정원은 에덴이자 낙원, 이상향, 무릉도원 같은 정신적 의미의 안식처입니다. 편안한 자연을 닮은 대지의 품, 현실로부터의 피안彼岸*과 위로처지요. 그 안에서 재생산되는 창의적이고 건강한 에너지는 어떤가요? 정원을 돌보기 위해서는 몸을 움직여야 합니다. 즉, 일이 주어지는 살아 있는 공간인 셈이죠. 할 일이 없어 TV만 보거나 컴퓨터를 하는 심심한 도시 생활과는 전혀 다릅니다.

또한 정원은 베풂의 공간입니다. 여러분이 종자를 심으면 그 결실을 복리로 베풀거든요. 올해 심은 꽃이 내년에는 두 배, 후년에는 네 배로 늘어나 절로 이웃과 나누게 됩니다. 텃밭에 심은 채소와 과일도 먹고 남을 만큼의 양이 나오기 때문에 부지런히 나누어주지 않으면 안 돼요. 정원은 인간이 베풀며 더불어 사는 존재라는 것을 일깨워주는 공간이기도 합니다. 정원은 자연과 함께 사는 법을 가르쳐주는 축복의 공간입니다.

저의 시골집 앞 논에는 이른 봄 원앙이 쌍으로 놀다 가고 초여름에는 왜가리 세 마리가 모내기한 벼 사이로 푸드득 날아올라 앞 산 소나무 위에 앉습니다. 이 모습을 보노라면 속세를 떠나온 듯한 몽환적인 분위기에 취해 "환상적이야!"라는 감탄이 절로 흘러 나옵니다.

정원에서는 청량한 물소리, 새소리, 풍경소리, 대숲을 지나는 바람 소리가 어우러져 사람의 마음을 흔듭니다. 트리하우스를 지어놓은 자두나무에서 설익어 떨어지는 자두가 '덱데구르… 똑도구르…' 데크 위로 구르며 떨어지는 소리도 마음에 평화와 음률을 불어넣습니다. 이른 새벽부터 유리로 된 거실의 통창을 부리로 두드리며 날갯짓하는 박새, 앞산 비탈을

---

* 현실적으로 존재하지 아니하는 관념적으로 생각해낸 현실 밖의 세계.

오르고 마당 풀섶에서 튀어나오는 고라니도 도시에서 오래 지낸 제게는 정원과 목가적인 환경이 주는 별천지입니다. 더러는 뱀도 보고, 두더지가 유실수 나무 아래 땅을 돋워 올리며 굴을 파는 믿기지 않는 광경을 보기도 하고, 자다가 지네에게 물릴 때는 겁도 먹지만요.

겨울에는 동물들이 밤에도 부지런히 발자국을 남기며 다닌 흔적이 오히려 고요함을 더합니다. 봄, 여름, 가을, 피고 지고, 죽은 듯 소멸했다가도 이른 봄 여린 싹이 흙과 돌을 뚫고 나오는 모습을 보면 제 삶에 닥친 곤란한 상황에서도 희망이 자랍니다. 아마도 정원은 의사처럼 힐링과 치유의 힘을 갖고 있나 봐요.

정원에 심은 매실과 자두가 익는구나 싶어 따 보면 벌레 먹어 익은 것처럼 보인 것들이지만 십 년이 넘도록 농약을 치지 않은 곳이라 살충제를 치지 않고 두고 보았습니다. 벌레와 새가 적당히 덕고 제가 먹을 것도 많이 남겨두거든요. 생산·판매하지 않는데 농약을 사용하거나 생태계와 토양을 교란하는 일은 하고 싶지 않아 그대로 두었더니 다른 집에 비해 흰가루 병을 조금 앓다 스스로 극복하고 괜찮아졌습니다. 사람이나 식물이나 스스로 회복력을 갖는 것이 중요하다는 사실을 배웠지요. 비료나 거름을 많이 하고, 한 가지 식물만 많이 심는 대면식재를 너무 하면 연하게 웃자란 순에 벌레가 꼬입니다. 도무지 상품성 없이 열린 오이, 과일이 사실 건강한 것이지요. 주렁주렁 열린 박에 꽁지를 박고 알을 낳는 벌레, 누렇게 익고 익다 물러져 썩는 호박을 보고 있으면 사실 "벌레도 사랑한다는 민병갈 할아버지는 어떤 자애심을 가진 것인가? 천사네… 난 도저히 안 되겠다. 약을 칠까?" 싶기도 합니다.

한 동네에 명상을 즐기는 남자분이 있습니다. 한옥구조에 피라미드 모양인 건축물 안에는 이중으로 돔 형식의 황토벽돌로 지은 공간이 있는데 처음 보는 모양에 놀랐답니다. 손수 덖어서 만들었다는 감잎차, 뽕잎차, 여러 가지 차와 장을 담그기 위해 시작한 농사, 수년간 옹기항아리에 담아 간수를 빼는 소금에도 놀랐습니다. 그분이 자연에 들어와 사는 이유를 보여주셨죠.

뒷집 아주머님은 이사를 하려고 헌집을 수리하는 단계부터 김장배추를 주시고 봄에는 우리 집 마당에 해바라기도 직접 심어주시더니 땅콩, 깨, 쪽파, 미나리, 참나물…을 계속 심으라며 나눠줍니다. 그 덕에 제 밭에서 자라는 식물도 종류가 다양해졌습니다.

은행 일을 하다가 퇴직 후 서울에 집을 두고 이곳에 집과 땅을 사서 부지런히 오가며 농사를 짓는 분도 있어요. 감나무, 대추나무, 자두나무에 주렁주렁한 열매는 그 주인은 물론이고 지나는 이들의 군침까지 돌게 합니다. 막상 집주인은 가끔 오느라 어떤 때는 피는 꽃도 못 봤는데 지고 없다고 안타까워하기도 하죠. 우리는 그 댁을 은행집이라고 부릅니다.

건너편은 암 치료차 7년째 이곳에 이사 온 분이 살고 있습니다. 개울에 돌을 쌓아 물 놀이터도 만들고, 토끼와 닭, 개를 기르는 분 댁에는 손주들이 자주 놀러옵니다.

한 마을에 모인 사람들이지만 저마다 다양한 목적으로 전원에서 농사를 짓고 동물을 기르며 꽃밭과 과수를 돌봅니다. 어른이 된다는 건 자식을 돌보고 부모를 돌보다 더 나이 들면 꽃, 하다못해 강아지라도 돌봐야 하는 것을 뜻하는가 봅니다. 사람은 정을 주고받지 않으면 살아갈 수 없는 외로운 존재라는 생각이 들어요.

여러분은 정원에 어떤 로망을 품고 있나요? 구릉에서 구르고 동굴 아지트를 만들고 타잔처럼 줄도 타고 트리하우스 다락방 같은 곳에 친구와 동지를 모아 놀고 싶지 않나요? 비밀의 화원에서 나만의 요정을 만나고, 온갖 모험과 아름다움이 있는 환상적인 곳은 아닌지요? 때로는 마귀나 괴물, 도깨비까지 등장하는 신기하고 재미있는 장소는 아닌가요? 어른들의 마음속에도 어린아이가 남아 있습니다. 어린이일 때 어른이 되고 싶은 것처럼 말이죠. 동화 같은 낭만을 안고 살기에 아마도 진천* 시골집을 본 남자들이 우선 트리하우스부터 짓나 봅니다.

"사람은 껍데기만 늙지 알맹이는 안 늙는다"고 제 노모는 말씀하십니다. 어쩌면 나이 들면서 마음은 더 아이로 돌아가는지도 몰라요. 때로는 유치한 것이 행복을 가져다줍니다. 놀 줄 아는 사람이 더 행복할 기회가 많다고 생각해요.

인생에서 추구하는 가치의 1번은 행복인데 정원에서 우리가 찾는 행복은 무엇일까요? 각자 스타일로 좋아하는 것을 심고 가꾸며 시작되는 행복이 여러 가지 종류로 피고 열매 맺어 열리겠지요. 소설가 김훈의 글에서 우리가 자연과 숲과 정원을 찾는 이유를 느낍니다.

가장 늙은 숲이 가장 새로운 숲이다. 숲의 힘은 오래된 것들을 새롭게 살려내는 것이어서, 숲 속에서 시간은 낡지 않고 시간은 병들지 않는다.**

숲의 시간은 흘러가고 또 흘러오는 소멸과 신생의 순환으로서 새롭고 싱싱하다. 숲의 시간은 언제나 갓 태어난 풋것의 시간이다.***

_김훈

---

* 충청북도 진천군 가운데 있는 읍, 군청 소재지.
** 『자전거여행. 1』 김훈, 문학동네, 75쪽.
*** 『자전거여행. 1』 김훈, 문학동네, 83쪽.

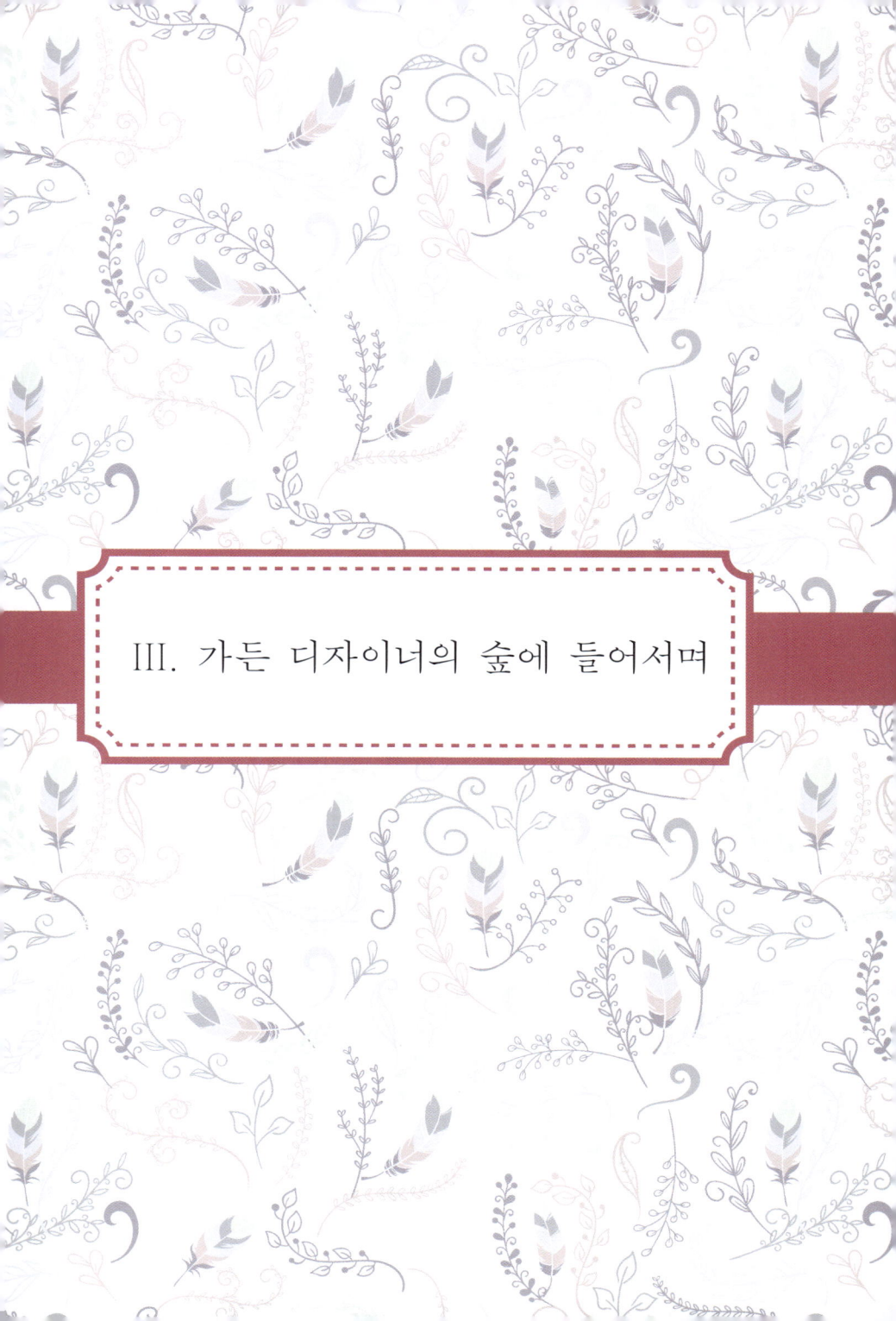

Ⅲ. 가든 디자이너의 숲에 들어서며

함께 만들어가는 정원

자연과 함께하는 가드닝

"가드닝은 신과의 동업이다." 철학박사이자 문학가인 카렐 차페크Karel Capek는 환경이나 기후 같은 불가항력, 혹은 예측할 수 없는 상황을 신의 힘으로 보았습니다. 하지만 가드너는 신과 동업자 반열에 있기보다는 협력을 구하는 관계라고 봅니다. 가드닝에는 가드너가 통제할 수 없는 비와 바람, 햇살을 적시에 내려주는 자연의 도움이 절대적으로 필요하니까요. 그런 점에서 오히려 자연을 사랑하고 두려워하며 자연 앞에 겸손해야 하는 존재가 바로 가든 디자이너입니다.

> 가드닝을 하거나 농사를 짓다 보면 눈에 보이지 않는 씨앗에도 우주가 들어 있음을 깨닫게 됩니다. 꽃 한 포기가 맺는 꽃과 씨앗의 수가 얼마나 되는 줄 아세요? 상상을 초월합니다. 일 년이면 복리 이상으로 포기 번식을 하지요. 이러한 소출*도 인간과 자연의 협력에 달려 있습니다. 가든 디자이너와 농부가 아무리 열심히 가꾸어도 자연이 허락하지 않는다면 소출은 줄어들 테니까요. 그 반대도 마찬가지고요.

---

* 논밭에서 나는 곡식, 또는 그 곡식의 양.

가든 디자이너는 사람들의 로망을 공간에 구현해주는 작업을 합니다. 이때 위대한 가든 디자이너들은 정원에 자신의 주관과 철학까지 불어넣지요. 일에 최선을 다하는 사람이 성실한 사람이라면, 내공이 깊고 기술이 뛰어난 사람을 장인이라고 합니다. 보다 높은 차원에서 자기 주관과 철학을 가지고 신세계를 열어가는 사람을 예술가라 부르고요. 즉, 장인정신이 깃든 예술적 차원으로 만든 정원은 문화·역사적으로 가치가 높아 후대에도 길이길이 남게 됩니다.

인간이 만드는 다양한 창작물 중에서도 정원만이 갖는 특징은 살아서 성장한다는 것입니다. 건물이나 책, 자동차와는 다르게 생로병사하며 성장하고 변화하지요. 그래서 평생 배우고 익혀야 할 것이 많습니다.

가든 디자이너가 하는 일

한때 저는 반 고흐 같은 화가가 되고 싶었어요. 그래서 "그림만 열심히 그리면 되지. 영어, 수학, 과학이 다 무슨 소용이야?" 하며 다른 과목을 배우는 게 납득이 되지 않았죠. 학생들에게 미술을 가르칠 때도 영어나 수학, 지리, 과학을 사용할 일은 없었고요. 우습게도 꽃이 좋아서 시작한 일. 가든 디자인을 시작하면서 과거의 제가 어리석었다는 생각이 들었습니다. 정원을 시공하면서 경사면의 흙을 깎거나 높일 때 $1m^2$당 흙의 양이 몇 m^3가 되고, 5t 트럭 몇 대로 움직여야 하는지 계산해야 하는 순간이 온 거죠. "아이쿠! 이래서 수학이 필요하구나!" 후회해봤자 부질없고, 유튜브로 전 세계 정원 관련 동영상을 보거나 원서를 접할 때는 "이런, 영어 공부도 좀 해둘걸!" 하고 아쉬워합니다.

미터법에 의한 부피단위로 $1m^3$는 가로, 세로, 높이가 각각 1m인 정육면체의 부피입니다. 업계에서는 루베라는 용어를 쓰는데 이는 일본식 표기입니다.

"지금 아는 것을 그때 알았더라면…." 이 말은 공부에는 넘침이 없다는 것을 뜻합니다. 어릴 때는 수학을 쓸 일이 없을 거라고 생각했는데 지금 이렇게 필요한 것처럼 말이죠. 통섭과 퓨전의 시대에서는 서로 관련 없어 보이던 지식도 연결고리가 생깁니다. 또한 그 지식이 여러분의 능력을 배로 자라게 할 거예요. 그래도 "가든 디자이너가 되는 데 수학이랑 과학이 왜 필요하죠?" 싶은 사람들을 위해 가든 디자이너가 하는 일을 살짝 엿보도록 하겠습니다.

식물이 잘 자랄 수 있는 토양을 갖추고, 비가 내려도 배수가 잘 되도록 하는 것이 조경의 기본입니다. 땅을 다지고 물길을 잡는 등 식물을 심기 전 과정이 전체 일 중 80%를 차지하죠. 나머지 20%가 식물을 심는 일인데, 사실상 정원의 완성도는 이 20%로 결정됩니다. 이처럼 세상 모든 일에는 결과로서 눈에 보이지 않는 과정이 존재해요. 시공 전 단계에서 자재와 재료를 계획하고 구하는 일이 식물을 심는 시간보다 더 오래 걸리지요.

필요한 자재를 계산하고 물량을 산출하는 일에도 종류가 많습니다. 인공 토양이 물을 흡수하는 양, 물을 먹고 다져졌을 때 부피 등등이 있죠. 식물에 맞는 토양을 만들고, 식물과 환경에 대한 분석, 장비의 크기와 일의 무게나 양을 가늠하는 일도 필요합니다. 수학, 과학, 생물, 국토지리… 알아두면 작업을 이해하고, 행동하는 데 좋은 영역들이지요. 물론 가드닝은 혼자 하는 일이 아니기 때문에 기술적인 면은 각 시공팀의 전문가들에게 해결해달라고 맡기면 됩니다. 그러나 일이 진행되는 데 필요한 전 과정은 이해하고 있어야 해요. 처음에 어렵고 복잡해 보이는 단계가 마무리되면 그간의 과정에서 오는 피로감은 꽃을 심으면서 싹 잊힙니다.

정원을 의뢰한 사람과 만드는 사람의 목적은 꽃을 심고 즐기는 기쁨에 있다고 생각해요. 그런 의미에서 가든 디자이너는 참 행복한 직업이죠. 사람들에게 위로와 행복을 주는 정원을 만들잖아요. 동시에 자기 자신도 아름다운 정원 한복판에서 일하고요. 그도 그럴 것이 가끔 현장에서 의뢰인들이 작업 내내 "행복하시겠어요"라고 말하곤 한답니다. 정말 이 직업이 호사로 느껴지는 순간이지요.

하지만 가든 디자이너도 스트레스를 받습니다. 현장에서는 물론이거니와 디자인을 확정하기까지 수많은 조율을 거쳐야 하거든요. 뜻밖의 문제가 발생하기도 하고요. 디자인이 갑자기 바뀌거나 예산 부족 문제를 극복하기 위한 대안을 협의하기도 합니다. 그 과정을 거치고 나서 현장에 출동할 때는 슈퍼맨처럼 힘이 나면서 즐겁습니다. 기대와 흥분으로 일에 몰입하게 되니까요. 자, 그럼 가든 디자이너가 일을 진행하는 과정을 간략하게 살펴볼게요(자세한 단계는 4장에서 다루도록 하겠습니다).

여러분이 정원을 만들게 될 장소에 서 있다고 칩시다. 가장 먼저 무엇을 해야 할까요? 정원이 생길 공간의 환경을 분석해야겠죠. 환경 분석은 지역적 특성(평균 기온, 강수량, 일조량, 토질, 건축 양식…)과 의뢰인, 즉 정원을 누리고 살 사람과 가족의 목적, 희망사항을 파악하는 일이에요.

환경을 분석한 뒤 구체적인 계획에 들어가는 단계가 공간 계획입니다. 여기서 쉼터와 보도, 구조물과 장식을 어떻게 할지 구상합니다. 그에 따른 동선도 고려해야 하고요. 자, 이제 도면을 그릴 차례입니다. 디자인에 앞서 콘셉트를 정하고 공간을 나누며, 식물 식재 계획과 정원에 필요한 모든 부속품을 정합니다. 그 안에서 조화와 변화가 어우러진 상상을 도면화하는 것이 바로 디자인이에요. 2차원 그림이나 설계도, 혹은 디자인을 입체적으로 표현한 3D 도면을 그리기도 하지요. 관계자들이 모여 몇 번의 조율을 거친 끝에 디자인이 확정되면 현실의 3차원 공간에 도면을 재현할 수 있는 시공 방법과 일정 등 구체적인 계획을 수립합니다. 이때 고려해야 할 것이 있는데요. 바로 지속성과 안전성, 경제적 효율성입니다.

현장에서는 예상치 못했던 상황을 조율하며 디자인 감리 및 시공을 마무리합니다. 식물과 토양, 물, 구조물을 관리하는 방법을 의뢰인이나 관리자에게 전달하는 것도 잊어선 안 됩니다.

필요한 것을 채워나가는 지혜

작업 과정을 들여다보니 가든 디자이너가 갖춰야 할 능력이 많은 것 같다고요? 미술 공부도 해야 하고, 디자인, 원예, 건축, 토양, 토목, 영어, 학위에 자격증, 경험까지! 세상에 이 모든 것을 갖추고 시작해야 하는 일은 없습니다. "모든 게 완벽히 갖춰졌을 때 이 일에 도전해야지!"라는 생각을 했다간 시작은커녕 죽도록 공부만 하다가 평생을 다 써버리게 될 거예요.

미대를 나와서 전문 작가의 길을 가는 사람은 얼마나 될까요? 아마 다른 일을 하는 사람도 꽤 되고, 반대로 다른 일을 하다가 그림을 그리게 된 사람도 그만큼 있을 겁니다. 평생 동안 전공을 살린 직업을 갖는 사람은 의외로 드물어요.

가든 디자이너 중에도 조경학과를 나와 시공은 하지 않고 사무실에서 설계만 하는 사람이 있는가 하면 나무 장사를 하다가, 꽃집을 하다가, 법을 전공했는데, 현장에 나와 식물을 심는 사람들이 있습니다. 일의 추진력과 지속력은 자격증과 전공, 졸업장이 결정하지 않습니다. 현재 좋아하는 일과 그 일을 향한 열정이 다양한 스토리를 가진 사람들을 전문가로 성장시키지요.

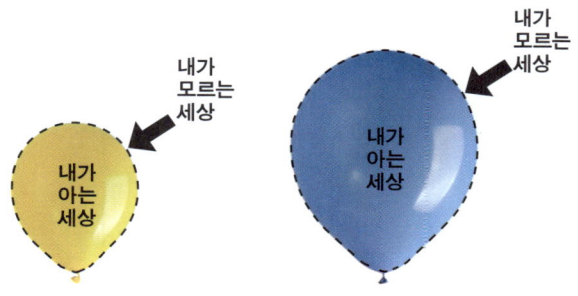

그림처럼 내가 아는 세상이 작을 때, 그러니까 일을 시작한 지 얼마 안되었을 때의 열정은 뜨겁습니다. 꿈을 향해 첫발을 내딛은 만큼 앞으로 알아야 할 게 많지만 아는 것이 적은 만큼 뭘 모르는지, 무엇을 배워야 하는지도 잘 모르는 단계거든요. 이 시기에는 용기와 배짱으로 당장 필요한 일, 할 수 있는 일을 밀고 나갑니다. 그러나 아는 것이 많아지면 모르는 것도 많다는 사실을 자각하는 시기가 옵니다. 알면 알수록 모르는 부분의 표면적도 커져 "아하! 이런 부분도 필요하구나!"하고 깨닫게 되는 거죠. 더 잘 하기 위해 돌다리를 몇 번이나 두드리고, 자격증을 따고, 배우다 보면 두려움과 망설임이 커져 또 다른 분야의 자격증에 도전하기도 합니다.

"하지만 정원을 만드는 데 아무런 지식도, 경험도 없이 무작정 시작할 수는 없잖아요?" 물론 무엇을 어디서부터 어떻게 시작해야 할지 막연하겠죠. 하지만 제가 여러분에게 해줄 수 있는 말은 '이런 저런 자격증을 따라, 이런 공부를 해라'는 게 아닙니다. "이 일을 정말로 하고 싶다면 간단히 짐을 꾸리고 일단 출발하는 겁니다. 길을 가면서 필요한 것을 채워나가는 지혜도 필요하답니다."

가든 디자인은 협업이다!

가든 디자인은 혼자서 하는 일이 아닙니다. 협력자, 조력자의 도움을 받아 빈 곳을 채워나가는 일이에요. 어떻게 하면 수월하게 일을 끝낼 수 있는지, 좋은 아이디어가 있으면 공유하면서 함께 일하는 사람들과 풀어가는 법을 배워야 합니다. 필요하다면 전문가에게 자문을 구하거나 시공 기술진들에게 영역별 의견을 구하기도 하지요. 디자인은 시공을 염두에 두고 진행하는 작업이니까요.

유명한 디자이너들은 팀워크를 중요시해요. 수석 가든 디자이너들도 팀에 속한 식물, 토목, 관련 기술 엔지니어들과 함께 고민하며 일을 해나갑니다. 큰 레스토랑을 떠올려보세요. 수석 셰프 한 명과 여러 명의 보조 요리사들이 있습니다. 셰프가 주문 받은 요리를 외치며 지시를 내리면 보조 요리사들은 일사분란하게 담당 요리를 시작합니다.

팀의 장이 되면 일의 영역을 정한 후 팀원들의 역할을 나누고 관리, 감독합니다. 쪼그리고 앉아 꽃 심는 일이 체질에 맞지 않다며 가든 디자인을 포기하거나 양파 까기가 싫어 요리사를 그만두는 것은 코끼리의 다리만 만지고 코끼리를 안다고 하는 것이나 다름없어요. 어설프게 아는 것, 그리고 순간의 고통에 인내심을 버리는 것이 운명을 가르기도 합니다.

2

무엇을 공부해야 할까?

전공 선택의 기로?!

여러분의 진로는 누군가에게 등 떠밀려서 정하는 게 아닙니다. 좋아하는 일, 잘 할 수 있는 일, 지금 하고 싶은 일을 우선시해야 하죠. 만약 가든 디자이너로 목표를 정했다면 조경학과를 전공해도 좋고, 다른 걸 배워도 괜찮습니다. 전문 영역을 다루는 변호사가 따로 있듯이 가든 디자이너도 다양한 방향에서 접근할 수 있거든요.

한 가지 일에 능하면 다른 감각도 트여 통섭의 경지에 도달하기도 합니다. 다양한 일을 두루 섭렵하며 영역을 넘나드는 거죠. 의사면서 식물학자이거나 건축가면서 가구디자이너이자 조경가이기도 한 사람들처럼요. 이 책에 언급한 유명 가든 디자이너들도 다재다능하답니다.

그러니까 아트 정원에 끌린다면 미술을 먼저 배운 후에 접근해도 됩니다. 유럽 정원이 좋다면 유학을 떠나도 좋고요. 생태적이고 자연주의적 정예전에는 조경학과가 이과 계통에서 건축학과 안에 속해 있었으나 요즘에는 문과 계통 학부에 속해 있는 곳도 많고, 과의 명칭도 다양해졌습니다. 가든 디자이너가 되겠다고 꼭 조경학과를 갈 필요는 없어요. 여러분이 배우고 싶고 마음이 끌리는 학문이 무엇인지 고민하고 자신과 충분한 대화를 나눈 끝에 나아갈 길을 선택하세요.

원에 마음이 간다면 식물이나 원예쪽 접근도 괜찮아요. 육종가로서 시작하는 사람, 조경작업을 따라다니며 지식과 경험을 쌓은 사람도 있습니다.

오늘날 우리나라는 외국에서 정원을 배운 1~2세대가 활동하는 시기입니다. 그만큼 유학파 가든 디자이너들이 운영하는 사설 가드닝 스쿨도 많이 생겼죠. 각 도시의 지자체가 주관하는 가든 강좌나 수목원에서 진행하는 강좌도 있고요. 직업학교, 농업기술센터 등에서도 가든, 가드닝 교육이 한창입니다. 학교, 사설기관, 개인을 통한 교육 등 가드닝을 배울 수 있는 장소와 기회는 얼마든지 열려 있어요.

타샤 튜더나 로즈메리 비어리처럼 자기 집 정원을 프로 못지않게 가꾼 이들도 많습니다. 그들에겐 자신의 정원이 학교이자 교사였던 셈이죠.

여러분, 배울 수 있는 한 좋은 곳에서, 할 수 있는 한 바로, 경험할 수 있는 한 넓고 깊게 하세요. 시작하지도 않고 이것저것 따지며 열등감에 시달리는 것만큼 바보 같은 행동은 없습니다. 일의 실체를 알아가는 것 자체가 공부니까요.

가든 디자인에 자격증이 필요하냐고요? 없어도 일을 하는 데 큰 지장은 없습니다. 다만 자격증을 가지고 있으면 입찰을 보거나 일의 영역을 넓히는 자격 요건이 되므로 천천히 공부해서 취득해두면 도움이 됩니다.

건축 공부도 해야 하나요?

건축을 따로 공부할 필요는 없습니다. 하지만 간단한 도면 정도는 읽을 수 있어야 해요. 건축물의 재질과 이미지를 읽고 목적에 부합하는 정원 스타일을 떠올릴 수 있다면 금상첨화고요.

"가든 디자이너가 도면을 볼 줄 아는 게 어디에 도움이 되는 거죠?"라고 묻는다면 이렇게 답할 수 있겠습니다. 먼저 건축물의 구조를 파악하고 그에 따른 동선을 잡는 데 필요합니다. 또 건축 도면을 보면 지하 콘크리트 기반이 표시되어 있는데요. 콘크리트는 인공지반이므로 토심이나 배수 등을 살펴 옥상과 같은 시공법으로 작업해야 합니다. 도면을 몰라 콘크리트 지반 위에 자연의 땅처럼 시공해버리면 안 되겠죠?

창밖 뷰view 포인트를 찾아 풍경을 구상할 때도 유용합니다. 대지의 구배(지표면 경사도)와 건축물의 높이 등을 고려해서 계단 경사도도 구상해야 하죠. 식물이 자리 잡는 데 중요한 요소인 채광이나 일조량도 건축물이 앉은 방위에 따라 다르기 때문에 체크해야 합니다. 건축물과 대지의 규모에 따른 공간과 구조물의 크기도 고려해야 하고요. 대지도 크고 건물 규모도 큰데 길이 좁거나 대문이 작고 조잡하면 우스꽝스럽겠죠? 비례와 균형을 살피는 것이 중요합니다. 또 옥상 정원을 시공할 때는 건물 기둥 위치를 파악해두어야 해요. 하중을 견딜 수 있는지 고려해 정원에 쏠리는 무게를 분산해야 하는 경우도 있거든요.

건축가들은 주로 설계 단계에서 건축물과 어울리는 스타일로 준공조경을 잡습니다. 그런데 더러 식물에 대한 이해의 폭이 좁아 단조롭거나 그 집에 살 사람이 중심이 되기보다는 건물 스타일을 살리는 데 급급한 장식적인 조경에 머무는 경우가 있어요. 그러므로 건축 설계 시점에서 의뢰인과 건축가, 정원 디자이너가 모여 함께 계획을 수립하는 것이 가장 바람직합니다. 건축의 완성은 정원, 조경 마무리에 있다 해도 과언이 아니니까요.

즉, 가든 디자이너에게는 건축 전면에 대한 공부보다는 정원 디자인에 필요한 도면을 읽는 능력, 각 도와 시에서 정한 건축에 따른 조경 규정을 파악하는 일이 중요합니다. 이런 능력들은 작업을 하면서 관련 사안을 찾아보고, 현장에서 부딪히며 자연스럽게 체득해도 늦지 않습니다.

우리나라에는 어린이 놀이터가 있는 키즈가든을 만들 때 안전검사를 거쳐야 한다는 법 규정이 있습니다. 정해진 규정 아래 디자인을 해야 하므로, 규정을 모른 채 디자인 했다가 나중에 다 뜯어고치거나 처음부터 다시 디자인하는 일이 발생해선 안 되겠죠. 혹여 문제가 생기더라도 해당 분야의 전문가와 협력하거나 자문을 구하면 될 일입니다.

제가 이 일을 시작한 이래 한 번도 현장 조건이 같았던 적이 없었어요.

가든 디자이너라면 간단한 도면 정도는 읽을 수 있어야 해요.

바로 옆집이라도 의뢰인의 취향과 요구가 다르고, 정원이 만들어질 공간의 환경이 달랐지요. 우리는 모두 태어나서 처음으로 살아보는 것이기 때문에 항상 새로운 일에 직면할 수밖에 없습니다. 특히 살아 있는 생명체를 다루는 가든 디자인은 모든 것이 늘 새롭지요. 그러니 모르는 게 있으면 묻고, 실수를 했다면 그 실수를 통해 배우고 나아가면 그만입니다. 항상 새롭고 다양한 경험을 할 수 있다는 점이 일을 하면서 기대와 설렘을 느끼는 원동력이 되거든요.

나는 미대 출신이 아닌데…

미대를 나왔거나 그림을 그리는 사람이 이 분야에서 두각을 나타내는 것은 사실입니다. 정식 가든 디자이너는 아니었지만 자기만의 정원 세계를 구축한 타샤 튜더가 또 등장합니다. 그녀는 유명 동화 작가였어요. 100여 권의 책을 냈지요. 게다가 인형극, 요리, 옷, 다방면에 걸친 창작 활동도 해냅니다. 동시에 30만 평의 땅에 정원을 만들고 염소, 개, 말, 앵무새 등 동물을 길렀지요. 그녀가 마흔이 넘어 97세에 사망하기까지 해낸 일을 생각하면 탄성이 절로 나옵니다. "세상에… 그렇게 부지런할 수가! 그 많은 일을 어찌 다 했을까? 아이도 키우면서 말이야…"

영국의 여성 가든 디자이너 거트루드 지킬도 그림을 그렸던 사람입니다. 그녀는 색채를 고려한 식재 디자인을 처음으로 도입한 작가로 정원의 역사에 기여한 바가 커요. 노년에 백내장으로 시력이 점차 악화되어 경계가 흐릿해지고 약간 몽환적인 분위기의 그림을 그린 르누아르처럼 그녀도 눈이 잘 안 보였다고 하는데요. 그녀의 디자인은 서로 다른 색의 덩어리로 표현되어 있답니다. 어떻게 그런 작업을 해냈는지 놀랍기만 합니다.

영국 풍경식 정원 스토우어헤드를 만든 헨리 호어Henry Hoare도 그림을 그렸습니다. 미술을 전공한 후 돌파구를 찾아 옥스퍼드에서 가든 디자인을 전공한 사라 프라이스Sarah Price, 제가 좋아하는 작가인 톰 스튜어트 스미스Tom Stuart-Smith 역시 그림 실력이 뛰어나고요.

세계 쇼 가든에서 한국 정원을 널리 알린 황지해 작가도 미술을 전공했어요. 그녀는 환경 미술가로서 자신의 철학을 정원에 담아냅니다. 벽초지 수목원을 만든 정정수 화백도 14번 이상 개인전을 연 작가입니다. 저 역시 미술을 전공했답니다.

미술을 배우면 색채 감각과 1, 2, 3차원 공간에 대한 개념이 정립됩니다. 또한 미술 사조와 정원의 흐름이 그 맥을 같이한다는 사실도 무시할 수 없다고 봐요. 정원에도 미적, 조형적, 예술적 어울림이 중요한 요소로 작용하기 때문이죠.

그러나 '가든'이라는 유럽형 정원 스타일의 도입과 교육, 시공에 이르는 전문가로서 입지전적 인물들을 살펴보면 매우 다채로운 경력을 가지고 다는 것을 알 수 있는데요. 법대 출신 가든 디자이너 임춘화 작가, 법을 전공한 권아름 작가, 또 방송작가 출신 오경아 작가도 강연과 저술 등 의미 있는 족적을 남기고 있지요. 원예와 식물을 전공하고 디자인을 익힌 서수현 작가, 수목 초화만 보면 학명과 과, 속을 줄줄 꿰는 영등포 푸른 수목원에 근무하는 조아영 작가는 원예를 전공했고요.

자신의 정원을 가꾸면서 경험과 노하우를 쌓은 전문가도 많습니다. 그런가 하면 조경을 전공한 정통파도 있어요. 녹색디자인의 베테랑 정원사 이동철 작가인데요. 도움을 청할 때마다 흔쾌히 조언을 아끼지 않는 분이시죠.

모든 일에 왕도는 없다!

건축? 미술? 정해진 시작점은 없습니다. 여러분의 열망에 따라 움직이며 그때그때 부족한 것을 배워나가면 됩니다. 목적지를 정하고 노선표와 지도를 챙기는 거죠. 전공이 무엇인지, 영국 유학을 갔다 왔는지는 그다지 중요하지 않

습니다. 가든 디자인과 시공을 하려면 가든 디자인 공부와 시공 공부를 하면 되지요. 이 일에 '왕도'나 '반드시'는 없답니다.

더 나은 방법을 연구하고 고민하는 데서 진화와 발전이 이루어집니다. 기존에 따르던 법칙도 배움과 경험의 깊이, 개인의 역량에 따라 결과의 폭이 달라지죠. 무엇이든 배우고 연구하세요. 꾸준히 걷다 보면 어느새 목적지에 다다라 있을 테니. 물론 노선표와 지도를 보면서 나아가다가 더 나은 길, 더 가보고 싶은 길을 발견했다면 목적지를 바꾸는 것도 여러분의 자유입니다.

디자인 방식에도 왕도는 없습니다. 저는 핸드드로잉으로 도면을 그리는데요. 저처럼 손 스케치를 활용하거나 3D 스케치업 같은 컴퓨터 프로그램을 이용하기도 해요. 휴대폰이나 아이패드로 사진을 찍은 다음 그 위에 도면을 그려 의뢰인과 소통하는 방법도 있고요. 각자 편한 방법을 찾아 익숙해지도록 연습하면 됩니다.

오케스트라 협연을 하기 위해 피아노 연주자가 건반을 두드린 시간은 얼마나 될까요? 마린보이는 수영장에서 얼마나 많은 물을 먹으며 같은 동작을 반복했을까요? 테니스를 처음 배울 때도 벽치기, 혼자 공치기, 자세 잡기 등 따분해 보이는 일을 계속 반복합니다. 그 반복의 힘이 나중에 재미와 감동을 가져다주지요.

발레리나 강수지의 발에는 뼈가 변형될 정도로 고된 훈련을 반복한 그

녀의 의지가 담겨 있습니다. 무엇을 하느냐보다 더 중요한 것은 자세와 태도입니다. 최선을 다해 방법을 찾고, 꾸준히 해나가다 보면 운이라는 것이 나도 모르는 사이 우주를 움직여 품안에 떨어지게 될 거예요. 행운도 준비하는 자의 몫이니까요.

전국 각 도시에 살고 있는 사람들이 남산 팔각정에서 만나기로 했다 칩시다. 그들은 각자 자신이 선택할 수 있는 교통수단을 타고 남산으로 모입니다. 승용차나 택시, 자전거, 기차를 타거나 걸어서 오는 사람도 있겠죠. 어떤 이는 기차를 타고 와서 버스로 갈아타는 등 여러 가지 교통수단을 두루 이용합니다. 제주도에 사는 사람은 비행기나 배를 타고 육지에 온 다음 자동차나 대중교통을 이용하겠죠? 헬기를 타고 오는 사람도 있을 거고요. 이처럼 목적지는 같아도 출발점과 목적지에 이르는 과정은 각기 다릅니다.

개중에는 "힘들고 귀찮으니까 안 가련다", "남산은 인터넷 사진으로나 보지 뭐", "서울 사람이나 가지 제주도에서는 가는 길이 멀고 힘들어서 포기" 등등 갖은 이유를 달면서 남산 행을 포기하는 사람도 있습니다. 그들에겐 남산을 가야 하는 이유가 분명하지 않았던 것이죠. 뚜렷한 목표가 없는 사람은 조경학과를 나와서도, 영국 유학을 갔다 와서도 다른 길을 가게 됩니다. 목적지를 정하고 나면 각자 자신의 나침판을 가지고 자기 앞에 난 길을 따라 출발하세요. 걸어가든 뛰어가든 기어가든 시간이 얼마나 걸리든 자신의 체력과 능력에 맞는 방법을 찾아 즐기면서 가보자고요.

사진을 찍어 그 위에 덧대어 그리기도 합니다.

전문 프로그램을 사용할 때도 각자 편한 대로 작업하면 되겠죠?

3

정원과 디자인

정원에 디자인은 필요한가?

타샤 튜더나 우리 마을 할머니처럼 전문 교육 없이 실전만으로도 아름다운 정원을 만들 수 있습니다. 물론 그들도 수많은 시행착오를 겪었지요. 오랜 시간 식재의 생리를 파악해가며 환경에 맞는 식물과 더 아름다운 배식을 고민하고 이식하면서 말이에요. 내년에는 어떤 식물을 심을지, 돌담을 어떻게 쌓고, 길을 어떻게 만들지, 어떤 화분을 해가 잘 드는 곳에 두어야 하는지, 경험과 노하우를 바탕으로 정원을 꾸려온 겁니다.

열정을 가지고 자신의 정원을 이렇게 저렇게 시도해보는 것은 바람직합니다. 하지만 직접 꽃을 사서 심을 정도로 알뜰하고 식물을 돌보는 것이 취미이자 행복인 사람도 경험과 지식이 없을 때는 그에 따른 노력이 필요합니다. 오랜 시간 정원을 가꾸어왔지만 그림처럼 아름답지도 않고, 해마다 꽃값을 엄청 들였는데 관리하기 힘들다면 전문가를 찾는 것도 하나의 방법이에요.

이미 자리 잡은 교목도 시기별로 이식을 고려해야 하고 비용이 많이 들어 가꾸기가 쉽지 않습니다. 나무 하나 옮기는 데도 주변 환경이 훼손되고, 이래저래 뒤집어진 정원은 다시 자리 잡는 데 시간과 공이 들게 마련이거든요.

정원의 목적에 부합하면서 자신이 바라는 풍경을 디자이너와 충분히 상의하여 계획을 짜고, 나중에 일어날 수 있는 문제점도 미리 검토하는 일이 필요합니다. 그 후에 스스로 할 수 있는 부분과 전문가에게 맡길 시공을 나누어 진행하면 되지요. 전문가의 조언에 따라 환경 분석과 식물의 배치, 토양의 배수를 기본으로 식재 계획을 세우고 차차 수정, 보완해가면 나중에는 자신만의 노하우가 생기게 됩니다. 바탕이 제대로 서지 않았는데 나무와 꽃을 심어 놨다가 나중에 토양 개선을 해야 한다던지, 물 빠짐이 안 돼서 배수 공사를 하는 일은 생각보다 어려워요.

가끔 키우던 나무를 새로 이사 가는 집으로 옮기는 분들이 있는데요, 그 나무에 대한 특별한 애착심이 없다면 아주 힘든 일입니다. 나무 이사는 때로는 새로 구매하는 것보다 돈도 많이 들고, 분 돌림을 미리 해놓은 나무에 비해 말라죽을 위험이 높거든요. 노동력은 물론 전문적인 지식과 노하우를 갖추어야 하지요. 정원의 기반을 잘 다지고 싶지만 아직 초보라 도움의 손길이 필요하다면 전문가에게 조언을 구하세요. 스스로 해낼 생각이라면 조금이라도 배운 다음 시도하는 편이 시행착오를 줄이는 방법이랍니다.

디자인은 우리가 바라는 이미지를 구체화하는 작업입니다. 시간, 경비 절감과도 떼놓을 수 없죠. 가용할 수 있는 돈과 타협하는 일도 필요하거든요. 우선순위를 정하거나 다른 방법을 찾고, 무리한 욕심을 버릴 줄 알아야 합니다. 이 환경에 맞는지, 주변과 어울리는지를 여러 번 생각하고 판단해야 합니다.

"뭐 먹고 싶어?"라고 물었을 때 사람들은 주로 "글쎄, 아무거나"라고 대답하거나 먹어본 음식 중 하나를 고릅니다. 이런 질문을 받으면 의외로 막연해져 결정을 구체적으로 못하는 경우가 많아요. 이때 디자이너가 정원 디자인을 스타일별로 이미지화하여 제안하면 사람들은 좀 더 수월하게 자기 의견을 냅니다. 디자인이란 상상과 바람을 구체화하는 과정이며, 이를 구현하고 관리하는 방법 역시 정원을 만들어가는 계획의 일부입니다. 도면에 있는 식재 스타일별로 나무의 형태를 잡고, 식재 패턴을 유지, 관리, 수정, 보완해나가는 지도인 셈이죠.

정원과 식물의 생태

식물의 성격은 그들이 살고 있는 환경과 밀접합니다. 공생관계인 미생물, 곤충들과도 먹이사슬로 연결되어 있죠. 지역적, 기후적 변화에 따라 같은 종도 다른 모양과 성질을 가진답니다.

영국이나 허브가 잘되는 지중해성 기후의 나라들은 고온 다습하지도 않고 기온이 영하 15도 이하로 내려가는 극한의 추위도 없어 식물이 살기에 아주 적합한 날씨입니다(우리나라 제주도와 일부 남부지방의 기후와 비슷하다 할 수 있죠). 하루 중 어느 시간에는 비도 흩뿌려 우리나라에서는 실내 식물로 보는 아이비, 가느다란 으아리 줄기까지 고목처럼 자라지요. 허브류도 해가 묵어 관목처럼 목질화하고요. 폭염이 없고 아침저녁으로 선선해 개화시기가 긴 점도 부럽습니다. 이렇듯 일반적으로 지역의 기온과 강수량, 일조량의 차이에도 정원의 식재 한계선이 존재한답니다. 지구 온난화로 인해 우리나라에서는 목백일홍과 대나무, 사과, 포도 재배 지역의 북방 한계선이 올라오는 추세예요.

우리나라는 중부지역 기준으로 한여름 기온이 40도에 육박하고 겨울에는 영하 15도 아래까지 내려가는데 이러한 환경을 견디는 식물을 숙근초, 흔히 야생화라고 부릅니다. 식물의 이름과 구분하여 학술적 편의를 위해 붙여진 명칭을 학명이라고 하는데요. 18세기 스웨덴의 린네Carl von Linne 이후 식물 분류 체계 방식이 확립되었지요.

린네는 이명법二命法을 써서 식물계를 24개의 강綱으로 분류했습니다. 분류 기준은 식물의 형질로 꽃과 잎순의 모양을 보고 정했고요. 국제식물명명규약이 바로 린네가 만든 라틴어식 속과 종을 합친 이름 명명법이에요. 학창시절 생물 시간에 어떤 의미인지도 모르고 '종, 속, 과, 목, 강, 문, 계'라고 외웠던 게 생각나네요. 속과 종명의 어원은 대부분 라틴어이며, 속명은 대문자로, 종명은 소문자로 쓰고 끝에는 명명자와 기재자명을 붙입니다. 이탤릭체로 표기하지 못하는 경우엔 속명과 종명 아래에 밑줄을 긋습니다. 속명과 종명은 인명과 지명, 꽃과 잎의 모양, 향기, 성질로부터 유래된 경우가

큰꽃으아리

큰꽃으아리의 학명은 'Clenatis patens C.Morren & Dacne'입니다. 'Clenatis(속명) patens(종명) C.Morren & Dacne(명명자, 기재자명)'을 나열한 것이죠. 인류의 종도 같은 방법으로 표기합니다. 호모 사피엔스(Home sapiens)를 규정대로 표기하면 '호모 사피엔스 린네'인데 호모는 속명(屬名)을, 사피엔스는 종명(種名)을 나타내고 맨 뒤의 린네는 학명을 지은 사람을 의미하죠. 속명의 첫 글자는 항상 대문자로 쓰고 전체는 반드시 이탤릭체로 표기합니다.

많아요. 그 사이에 변종, 화훼계에 속하는 것 등을 표기하는데 분류체계가 엄청나게 다양합니다.

우리나라는 산림청 산하 국립수목원에서 '국가 표준 식물목록*'을 정리해두었습니다. 식물의 이름을 정명(표준이름) 혹은 이명(다르게 부르는 이름)으로 찾아볼 수 있지요. 검색을 통해 분류 체계와 표본 자료까지 볼 수 있답니다. 가든의 나라인 영국은 'RHS 영국왕립원예협회**'에서 외래종 꽃들도 찾아볼 수 있습니다. 영국은 BBC에 가든 전문 방송이 있을 정도로 가든과 가드닝에 열광하는 나라지요.

스웨덴 의사인 린네가 식물 채집 탐험을 나설 당시 국가가 나서 지원금을 대줬다고 하는데요. 식물의 가치를 알고, 생을 바쳐 연구한 개인과 이를 지원해준 나라가 참 대단합니다. 그들에게 주도권을 뺏긴 우리는 어색하지만 그들이 정한 대로 이름을 바꿔 불러야 비로소 학문적으로 정리가 되는 현실이 안타깝기만 하네요.

국제적으로 통용되는 규약이 있다지만 순수 우리 꽃 이름은 족보 없는 아이 취급을 받는 것 같아 살짝 불쾌합니다. 꽃 시장이나 농원에서도 예전에는 우리 이름으로 통용되던 것이 요즘에는 외국 학명으로 불립니다. 으아리를 클레마티스, 바늘꽃을 가우라로 부르는 식이죠. 하루빨리 우리나라에서도 원예 분야의 연구가 발달해 우리가 붙이는 새로운 이름의 식물이 많이 등장하길 바랍니다.

고려엉겅퀴, 지느러미엉겅퀴 등 우리나라에 살고 있는 엉겅퀴만 해도 무려 250여 종이나 된다고 합니다. 원산지가 우리나라인 식물을 세분화하

---

* www.nature.go.kr 참고.
** https://www.rhs.org.uk/plants/search-form 참고. http://www.bbc.co.uk/gardening/calendar/와
   http://www.thegardenhelper.com/에서도 환경에 맞는 식물을 찾아볼 수 있다.

고 세계적인 통용어로 체계를 잡아 우리나라 사람이 붙인 이름으로 정확한 학명이 등록되는 날이 오길 빌어요. 배타적이고 편협한 생각일지도 모르지만 우리나라의 원예 분야를 세계적인 반열에 올려놓기 위해 가져야 할 발전적인 태도라고 생각합니다.

2015년 8월 국립수목원은 일본, 중국산으로 알려진 자생식물 4174종의 영문 이름을 우리 식으로 바로 잡아 기념 손수건을 만들었답니다. 이번에 바른 이름을 찾은 바늘잎 수종 그림이 예쁘게 프린팅 되어 있죠. 저도 생활 정원 공모전을 심사하러 갔을 때 하나 받아왔습니다. 집에 오는 길에, 라디오에서 "이런 작업을 계속해나가겠다"는 국립 수목원장의 말을 들으면서 우리나라 조경 분야도 계속 발전할 것이라는 희망이 생겨 흐뭇했어요. 보이지 않는 곳에서 노력하는 이들의 수고가 헛되지 않게 모두의 인식이 달라졌으면 좋겠습니다.

식물은 나고 자란 지역과 환경에 따라 진화해왔고, 다른 종과의 자연스러운 접촉으로 변이되어왔습니다. 인간이 인위적으로 교접하고 개량해서 무늬종과 색상이 특이한 종으로 식물의 형질을 바꾸기도 했죠. 이는 가든 디자인의 영역이라기보다는 식물학자나 원예가의 영역입니다. 우리 자생종들을 원예종으로 육종하고 외래 도입종도 우리 환경에 맞도록 육종할 위대한 육종가가 탄생하길 기원합니다. 정원의 기반인 원예기술이 향상되면, 순차적으로 맞물려 정원과 정원 디자인도 발전할 테니까요.

가든 디자인과 가드닝을 할 때는 다양한 요소를 고려해야 합니다. 그중에서 기본적으로 알아두어야 할 내용을 정리해보았어요.

목적에 따른 식물 배치도 중요합니다. 염도가 높은 바닷가에서는 바람을 막는 방풍림으로 곰솔, 다정큼나무, 굴거리나무, 대나무, 모감주, 아왜나무를 주로 심어요. 공장 주변에는 공해에 강하고 공기정화 작용과 향균작용을 하는 측백나무, 미선나무, 병꽃나무를 심으면 좋지요. 물가에는 버드나무와 느릅나무, 세열단풍이 어울립니다. 옥상에는 크게 성장하지 않는 나무를 심고요. 가로수에 적합한 나무, 사찰과 고택에 어울리는 식재도 따로 있습니다.

공장 주변에는 측백나무를 많이 심어둡니다.

축 늘어진 버드나무가 연못이나 호수의 분위기를 더욱 신비롭게 만들어주는 것 같아요.

---

* 전지와 전정 모두 가지치기를 말한다.

이식할 때는 식물이 그동안 자라온 환경까지 고려해야 해요. 소나무나 주목은 과한 습기를 싫어하지만 수변이나 습한 곳에서 태어나 오래 적응했다면 이식하더라도 사질토양으로 물이 잘 빠지는 곳에 심으면 곤란하거든요.

공생관계인 미생물이나 주변 식물과의 관계, 수분*을 해주는 곤충이나 동물과의 관계도 유심히 살펴야 합니다. 그중 어느 하나가 고장 나거나 생략되면 종이 없어질 수도 있어요. 그렇다면 마치 악어와 악어새처럼 식물이 다른 종과 공생하는 예를 들어볼까요?

자운영

보리수는 질소를 많이 배출해 주변 식물에 공급합니다. 이년초 자운영은 공기 중 질소를 고정하는 데 효과적인 식물이고요. 이때 미생물인 박테리아가 중요한 역할을 합니다. 박테리아는 공기 중의 질소를 식물이 잘 흡수할 수 있는 형태로 바꿔주거든요. 식물은 이를 흡수한 후 단백질을 합성하게 됩니다. 자운영 밭을 갈아엎은 후 다른 곡식을 심으면 땅이 비옥하여 잘 자라기 때문에 옛날에는 휴경지에 자운영을 심기도 했답니다.

또 함께 심어 좋은 식물을 소개합니다. '부추와 토마토', '가지와 파슬리', '차이브와 장미', '상추와 양배추', '당근과 콩', '대파와 오이', '토마토와 땅콩'** 등이 있어요. 생육 특성이 달라 서로의 영역을 침범하지 않으면서,

---

* 종자식물에서 수술의 화분(花粉)이 암술머리에 옮겨 붙는 일. 바람, 곤충, 새, 또는 사람의 손에 의해 이루어진다.
** 《가든인(Garden in)》 2015년 6월호, 10쪽.

생길 수 있는 병해충을 혼식한 다른 식물이 막아주는 효과가 있죠. 서로 그늘이 되어주고 양분을 공급해주는 등 장점이 많습니다. 공간 활용도 또한 높고요.

부분적인 예지만 식물들은 큰 교목 아래 키 작은 관목이, 그 아래 더 작은 식물들이 서로 의지해서 살아갑니다. 여러 작물 사이에 혼식한 고추보다 고추만 빼곡히 심은 밭이 병충해에 더욱 약한 이유도 같은 맥락으로 볼 수 있죠. 고추밭, 인삼밭, 오이밭에 일주일에 한 번씩 비료를 준다는 이야기를 들으면 유기농, 무농약은 그저 바람에 지나지 않는가 보다는 생각이 들기도 합니다. 아무래도 상품 가치를 위해서는 어쩔 수 없는 일이겠죠. 생태적 의미를 생각하면…, 머리가 아파옵니다.

정원에 깃든 식물의 상징성

이번에는 신화적 측면에서 정원을 들여다봅시다. 우선 과거에는 나무가 다른 무엇보다 상징성이 컸다는 점을 짚고 갈게요. 나무는 신성한 힘, 육체적 쾌락의 상징이었습니다. 심지어 나무를 섬기는 부족도 있었지요. 우리나라도 과거에 목련이나 대추나무, 은행나무, 느티나무에 목신이 깃들어 있다고 믿었잖아요. 오래 산 느티나무 고목은 성황당 나무로 마을의 안녕을 지키는 대상이기도 했고요. 그러니까 나무는 종교의식의 대상이자 정신적 가치를 지닌 존재였다고나 할까요?

천연기념물 제95호, 삼척 도계리 긴잎느티나무입니다.
마을 사람들기 예로부터 서낭당 나무로 섬긴 나무인데,
사진으로만 봐도 범상치 않은 모습이죠?

가브리엘 반 쥘랑Gabrielle Van Zuylen은 그의 저서 『세계의 정원』에서 '사중四重 정원'이라 하는 이슬람 뜰의 기원에 대해 설명합니다. "물, 불, 공기, 흙을 상징하는 숫자 4의 중요성은 이슬람 정원을 말할 때 빼놓을 수 없다"는 게 핵심인데요. 이 네 가지 요소는 《구약성서》의 〈창세기〉에서 그보다 먼저 언급되었답니다. 즉, "에덴에서 강 하나가 흘러 나와 그 동산을 적신 다음 네 줄기로 갈라졌다"는 〈창세기〉 2장 10절의 구절입니다. 또한 쥘랑에 따르면 고대 페르시아인들은 십자가 모양을 세계가 네 지역으로 나뉜 것으로 보았습니다. 그 중앙에 분수가 있다고 생각했고요. 불교에서도 하나의 발원지에서 갈라져 나온 네 개의 지류를 비옥과 영원의 상징으로 해석했다고 하네요.*

동서고금을 막론하고 인류가 많은 것을 상징화하고 의미를 부여해왔다는 사실을 알 수 있겠죠? 시인 보들레르Charles Baudelaire는 '자신이 믿는 신의 신전이 자연이며 신전의 기둥은 나무'라고 노래하기도 했는데요. 이처럼 정원에 심는 나무는 신의 영광을 돋보이게 해주는 요소라 할 수 있습니다. 물, 불, 공기, 흙 네 가지는 인간이 생존하는 데 없어서는 안 될 필수 요소입니다. 이를 소유하고 누리는 효과적인 방법이 조경이며, 그것을 담는 그릇이 바로 정원이지요. 정원의 목적은 이상향을 구현하는 것입니다. 다분히 신의 영광을 구현하는 에덴이라 할 수 있죠. 이러한 관점을 인간의 주관적인 감정이 이입된 현상으로 볼 수 있습니다.

가브리엘 반 쥘랑은 "나무와 낮은 키의 식물들이 정원의 기하학적 엄격성을 한결 부드럽게 만들었다**"고도 했는데요. 엄격한 직사각형 틀을 신성한 공간으로 부드럽게 완성시키는 작용은 식물 고유의 객관적 특성이라고

---

* 『세계의 정원』 가브리엘 반 쥘랑, 시공사 24쪽 참조.
** 『세계의 정원』 가브리엘 반 쥘랑, 시공사 25쪽.

봅니다.

그리스 신화나 성서에 종교적 의미를 띠고 등장하는 식물도 많아요. 백합은 순결, 부활, 신성을 상징합니다. 흰백합은 마든나 릴리Madonna lily, lilium candidum라고도 하는데요, 백합과 관련된 그리스 신화는 여러분 스스로 찾아보시기 바랍니다.로마 신화에는 미의 여신 비너스의 사랑을 받던 아도니스가 죽자 비너스가 흘린 눈물에서 장미가 생겼고, 아도니스의 피가 흐른 곳에서 아네모네가 피어났다는 이야기가 있습니다. 덕분에 아네모네는 아도니스의 화신이라는 사연과 '배신, 속절없는 사랑'처럼 슬픈 꽃말을 가지게 되었지요.

꽃은 저마다 꽃말을 지니고 있습니다. 장미만 해도 색깔별로 열렬한 사랑, 순결, 우정으로 의미하는 바가 나누어져 있지요. 그러고 보면 사람들이 붙이는 상징은 정말 굉장합니다. 절세미인은 양귀비에, 못생긴 것은 호박에, 달콤함은 꿀에 비유하는 것만 봐도 흥미롭지 않나요?

식물을 배치하는 데도 재미난 설이 많습니다. 부귀영화를 상징하는 목단은 안마당에 심고, 공부하는 선비가 있는 곳에는 명자나무를 심지 않지요. 마음이 뒤숭숭해져 산으로, 들로 놀러가고 싶을 정도로 명자나무가 아름답기 때문이겠죠? 또 4월에 꽃이 피는 만큼 명자나무가 봄을 일깨운다는 뜻으로 해석할 수도 있고요. 이 밖에도 정승 판서를 배출한다는 회화나무는 대문 앞에 심는다는 등 다양한 설을 한번 찾아보시기 바랍니다.

요즘엔 의미가 조금씩 퇴색되고 있으나 차례상 차림에서 음식을 놓는 위치에도 재미난 이야기가 깃들어 있답니다. 차례상 음식은 두동미서(頭東尾西: 머리는 동쪽, 꼬리는 서쪽), 어동육서(魚東肉西: 돌고기는 동쪽, 육류는 서쪽), 홍동백서(紅東白西: 붉은 과일은 동쪽, 흰 과일은 서쪽), 조율이시(棗栗枾梨, 왼쪽부터 대추, 밤, 감, 배의 순서)의 위치로 배치합니다.

이때 대추는 임금을 상징하는데요, 한 나라의 임금이 두 명이 될 수 없는 것처럼 대추 씨앗도 하나라서 그렇다고 해요. 또 봄날 가장 늦게 잎이 나온다고 하여 대추나무를 나무 중의 왕이라고 하기도 하지요. 대추, 즉 임금 옆에는 밤을 두는데요, 밤송이를 보면 안에 밤톨이 세 개 들어 있습니다. 그래요. 영의정, 우의정, 좌의정을 상징하지요. 또 밤은 새로 난 밤나무 싹이 자라 씨앗을 퍼트릴 때까지 씨밤인 채로 뿌리에 달려 나무 옆을 지켜준다고 해서 자손과 조상을 이어주는 의미도 있습니다. 감이나 곶감은 씨앗이 6개이므로 육조판서를 의미하고요. 감 씨를 심으면 고욤나무가 나는데 3~5년 정도 자란 나무에 생채기를 내고 다른 감나무를 접붙여야 진정한 감나무가 된답니다. 이러한 특성 때문에 감나무는 배움의 상징으로 여겨집니다. 배는 순수한 청백리의 마음을 상징합니다. 또 씨앗이 8개라 팔도 관찰사를 의미하기도 하죠.

복숭아는 귀신을 쫓는 과일이므로 제사상에 올라가지 못합니다. 갈치, 꽁치, 멸치처럼 치자 돌림 어류가 상에 오르지 못하는 이유는 가문의 누구도 격이 낮은 '치' 대접을 받지 않기를 바라는 의미를 담고 있지요.

삼색 나물 중 고사리는 꺾어도, 꺾어도 순이 계속 올라와 가문의 대도 고사리처럼 끊기지 말라는 뜻에서 상에 올린답니다. 결국 차례상 차림은 부귀영화, 벼슬을 하고 출세하고자 하는 가문의 영광을 대를 물려 잇자는 바람이 깃든 의식입니다.

다시 나무로 돌아가보죠. 예로부터 사람들은 나무에 정령이 있다고 믿었습니다. 우리나라도 목신을 믿었기 때문에 목신이 센 나무는 함부로 베지 않고, 집 안에 들여 심는 것도 조심했지요. 미신이라고 치부할 수 있으나, 사업하는 사람의 집에는 등나무나 덩굴 식물을 심는 것을 기피했어요. 하는 일이 꼬인다고 믿었거든요. 그런데 덩굴 식물 같은 경우 오래 묵으면 뿌리가 바닥과 건물을 들어 올려 진짜로 골칫거리가 되기도 합니다. 장수목에 키가 큰 나무들은 천둥 벼락에 집을 덮칠 우려가 있고, 또 빛을 너무 가려 집을 어둡게 만들어 습한 기운을 부르는지라 잘 심지 않는데요, 미신도 나름대로 과학적이라는 생각이 듭니다. 이러한 속설의 이면에는 말 못하는 짐승이나 식물의 생명도 함부로 여기지 말고 배려하는 마음이 깃들어 있습니다. 현대로 오면서 이를 부질없는 미신이라 여기며 종교와 과학에 반하여 사라지는 것이 안타까워요.

보타니컬 아트

보타니컬 아트Botanical Art는 꽃과 식물을 주제로 다루는 그림인데요. 일반적으로 식물 정밀화나 삽화를 그리는 기법을 말합니다. 원예 분야에서는 식물을 보다 생물학적biological인 관점에서, 과학적scientific이면서도 자연스럽게naturally, 심미적으로 표현하는 그림을 말하죠. 즉, 식물을 생태학적으로 설명하기 위해 그리는 그림으로 자연 도감, 세밀화, 생물학, 원예학, 농업에까지 기여합니다. 또한 식물 형태에 따른 문양과 상징을 활용하여 도자기, 텍스타일, 가구, 병풍, 화조도, 벽지 등에 다양하게 응용되고 있지요.

　보타니컬 아트는 기능적 실용성과 미적 장식성을 갖는 것으로 쓰임을 나눌 수 있습니다. 크게는 학술지에 식물의 특징을 설명하는 식생적 그림과 예술적인 그림으로 나눌 수 있는데, 영역별로 세밀화, 파인 아트, 식물 아트 스타일리스트, 일러스트레이션이라고도 부르고 그림의 성격도 다르지요.

영국, 스페인 등 유럽 강대국들은 일찍이 탐험이라는 이름으로 다른 나라를 침략하고 신기한 것들을 본국으로 가져갔어요. 일본이 일제강점기에 공출이라는 이름으로 농사지은 것을 빼앗고, 송진을 가져가기 위해 소나무마다 큰 상처를 내고, 우리 영토에 아편을 심어 기른 다음 대나무 통에 담아 가지고 간 것과 똑같이 식물을 수탈하고 채집해 간 겁니다.

그들은 탐험을 떠날 때 사진기자처럼 기록하고 정리를 담당할 사람을 데리고 다녔는데요. 대부분 의사면서 식물학자이거나, 식물을 잘 그리는 사람이었어요. 그들에게는 정확한 사실을 기록하는 것이 중요했지 지금처럼 아름다움이나 작품성이 중요하지는 않았답니다. 우리나라에서는 보타니컬 아트를 세밀화로 보는데, 식물을 기록하기 위해 그림을 그린 역사가 그리 깊지는 않은 것 같습니다. 식물학, 과학 분야에서 설명을 위해 그린 삽화, 즉 설명화가 보타니컬 아트의 고유 목적이지요. 그러나 요즘에는 다양한 방법으로 개성을 드러낼 수 있는 예술 영역으로 확대되기도 했습니다.

우리나라 세밀화 작가 중에서 송훈 작가의 작품은 곱디고와요. 단아하면서 우아한 구도와 자태, 꽃이 갖는 여백을 바라보면 떨림과 찬사가 나옵니다. 이소영 작가의 작품은 이와는 다른 분위기인데 사랑스럽고 예쁘지요. 식물의 특징을 현미경으로 들여다보듯 리얼하게 기록하고 있고요. 작품에서 엿보이는 장인정신과 내공에 울림이 온다면 그도 바로 예술입니다. 인터넷에서 쉽게 작품을 감상할 수 있으니 꼭 한번 찾아보시기 바랍니다. 요즘에는 취미로 보타니컬 아트를 배우는 사람도 많고, 컬러링 책도 많이 나오는데요, 256쪽에 직접 색칠을 해볼 수 있도록 보타니컬 아트

스케치를 수록해놓았으니 여러분의 개성이 깃든 보타니컬 아트를 그려보시기 바라요.

영국왕립원예협회에서 주최하는 런던 보타니컬 아트쇼The Royal Horticultural Society London Botanical Art Show는 세계적으로 인정받는 대회인데요. 신혜우 작가는 우리나라 작가로는 처음으로 식물세밀화 6점을 출품해 최고 작품상Best Botanical Art Exhibit인 대상을 받았답니다. 2013년과 2014년, 2년 연속 수상하며 예술성과 과학성을 인정받았지요. 신혜우 작가의 전공은 그림이 아닌 식물분자계통학이랍니다.

외국에서는 보타니컬 아트의 전성기인 17~18세기 이래로 이름과 업적을 남긴 작가들이 수없이 배출됩니다. 페르디난드 바우어Ferdinand Bauer 는 오스트리아 화가의 아들로 태어나 의사와 식물학자들과 함께 소아시아, 그리스, 영국, 호주를 돌며 1500여 점의 작품을 남겼어요. 그의 작품은 대영박물관, 오스트리아제국박물관, 비엔나 자연사박물관에서 보관하고 있습니다. 섬세한 관찰력으로 식물과 동물, 새, 풍경화를 두루 그렸지요.

수산나 블랙실Susannah Blaxill*은 호주 출신으로 화면 장악력이 뛰어난 작가입니다. 구도와 색감을 보고 있으면 탄성이 절로 나지요. 흰색 배경과 검은색 배경을 두루 활용하고, 색을 드러내거나 흑백으로 표현한 작품 모두 감성을 자극하는 걸출한 작가입니다. 신혜우 작가의 작품이 자연과학적이라면 수산나의 작품은 일러스트 측면이 강합니다. 같은 보타니컬 아트지만 그림의 의도가 서로 다르지요.

*수산나 블랙실의 작품은 http://blaxill.com에서 감상할 수 있다.

Banksia coccinea

Doryanthes excelsa.

페르디난드 바우어가 그린 보타니컬 아트

제가 그린 보타니컬 아트입니다.
감꽃(1), 크로커스(2), 천리포 수목원과 물잠자리(3), 작약바구니(4)

보타니컬 아트는 사실적 묘사를 드라마틱하게 표현하기도 합니다. 저도 보타니컬 아트를 작업할 때 식물의 구조적 요소도 담으면서 보다 드라마틱하게 그리는 편인데요. 생물학적으로 식물을 설명하는 데 중심을 두는지, 그림 자체에 무게를 두는지에 따라 이런 차이가 생긴답니다.

국내 유명 가든 디자이너

오래전부터 조경을 전공하고 정원을 만들어온 사람들, 정원에 평생을 바친 사람들, 가든이라는 단어가 도입된 후 이를 널리 알린 사람들…, 모두 정원의 발전과 역사에 없어서는 안 될 분들입니다. 그중 업계에서 사람들의 입에 자주 회자되는 작가들을 중심으로 소개합니다.

황지해 작가는 그림을 전공하고 환경미술을 하다 가든 디자인의 세계로 들어왔습니다. 2011년 그녀는 한국인 최초로 첼시 플라워쇼 쇼 가든 부문에 진출해 '해우소 가는 길'로 아티즌가든 부문 최고상을 수상했어요. 이듬해에는 쇼 가든 'DMZ 금지된 정원'으로 금상을 수상했죠. 또한 일본 가드닝 월드컵과 네덜란드 벤로 플로리아드 대회에 참여하면서 국제적인 주목을 받고 있습니다. 그녀는 많은 역경을 극복해낸 인물이기도 합니다. 첼시 플라워쇼 스폰서를 구하기 위해 동분서주했고, 3D로 만든 독도를 다룬 작품은 일본 정부의 입김으로 철수를 해야만 하는 상황을 겪기도 했죠.

그녀의 작품 세계와 철학은 확고합니다. 기획력도 굉장해 국내외에 우리나라 정원을 알리고 '한국 정원'에 대해 다시금 생각해보게끔 만들었죠. 순천만 정원박람회, 광주 봄꽃박람회 등에서 그녀의 작품을 감상할 수 있습니다.

방송작가 출신인 오경하 작가는 영국에서 정식으로 가든을 공부한 사람입니다. 그녀는 영국에서부터 정원에 대한 책『디자인의 발견』, 『정원의 발견』, 『낯선 정원에서 엄마를 만나다』를 내고 네이버 캐스트에 정원 관련 글을 기고하고 있습니다. 또한 강연을 통해 대중과 호흡하며 우리나라 정원의 발전에 기여하고 있지요.

한국 전통 정원을 만날 때면 자주 듣는 이름이 있습니다. 연세가 많아 이제는 원로 가든 디자이너이자 한국조경의 대모로 불리는 정영선 작가입니다. 그녀는 서울대 조경학과를 1회로 졸업했어요. 선유도 공원과 드라마「시크릿가든」에서 현빈의 집으로 나왔던 알로에마임비젼빌리지, 호암미술관 회원, 아모레퍼시픽 공장 정원, 고 노무현대통령의 사저와 묘역에 이르기까지 한옥, 양옥, 생태 등 어떤 스타일도 멋지게 풀어낸 작가입니다. 무수히 많은 정원 작업을 통해 엄청난 내공을 쌓았지요. 세계적인 디자인상도 많이 받은 감각과 실력이 뛰어난 여자 1호 기술사이기도 합니다. 현재 서안조경이라는 회사의 대표로 있습니다.

이원조경 대표인 이교원 작가도 한국조경의 대표적인 인물입니다. 극동빌딩, 대한매일신보사(구 서울신문사사옥), 서울교보빌딩, 서울인터컨티넨탈호텔, 조선일보사미술관, 연세세브란스빌딩, 아세아시멘트사옥, 신세계백화점 본점, 뉴서울호텔, 국세청 본관, 서대문독립공원 등을 조성하였지요. 이분은 영문과 출신이랍니다.

생물학과 출신으로 생태학을 함께 전공한 김봉찬 작가도 제주도에 거주하면서 전국적으로 작업하고 있습니다. 얼마 전 백두대간 수목원을 마무리한 것으로 알려졌고, 평강 식물원, 여미지 식물원에 근무했습니다. 생태적 조경 전문 디자인회사로 명성을 얻은 더가든의 대표입니다.

생물학을 전공한 여성 조경가도 있습니다. 뜰과 숲의 대표인 권춘희 작가지요. 강의실과 현장을 누비는 그녀는 다른 사람의 평을 빌자면 '웬만한 장정보다 낫다'며 야무진 모습으로 평가받습니다. 시골 아주머니 같은 작업복을 입은 외모에서부터 풍기는 느낌이 현장작업도 당차게 해낼 영락없는 가드너이자 조경가입니다.

녹색디자인의 대표 이동철 작가도 빼놓을 수 없지요. 그는 조경을 전공했고 다양한 작업을 해왔습니다. 새로운 세상을 꿈꾸는 사람들의 공간을 담은 두꺼운 드로잉 북을 출간하기도 했는데, 1984년부터 작업한 내용을 담은 엄청난 분량의 책이랍니다. 스케치와 모형, 특허 받은 구조물 제작형식을 보고 듣자면 감탄이 나오면서 그의 집념과 열정에 존경심마저 생깁니다. 자신이 가는 길을 더 확장하여 큰 꿈을 꾸고 있는 그의 바람이 빨리 이루어지기를 바랍니다.

디즈니랜드는 월트디즈니 사후에 완성되었지만 디즈니가 살아서 그린 꿈이었어요. 누군가는 남들 눈에는 보이지 않는 것을 보나 봅니다. 무엇이 남과는 다른 꿈을 꾸게 하는 걸까요? 또 꿈의 원천이 무엇이기에 사람마다 해내는 결과가 다른 걸까요? 위에서 열거한 가든 디자이너들은 모두 같은 일에 종사하고 있지만 일에 대한 철학과 접근 방식에서는 각자의 개성이 뚜렷합니다.

타샤 튜더처럼 자신의 정원을 가꾸며 전문가가 된 사람들도 많아요. 전남 나주에서 토종 정원 '죽설헌竹雪軒'을 가꾸는 화가 박태후는 40년간 한국 토종 정원을 꾸려온 동양화 작가입니다.

우리 동네 초입에 살고 계신 할머니 집 담장 밖 좁은 화단에도 계절별로 아름다운 꽃이 피고 집니다. 오가는 사람들에게 기쁨이 되지요. 우리 주변에는 많은 가든 디자이너들이 있습니다. 그들은 각자 기호대로 가드닝을 즐기며 행복한 정원을 만들어나가고 있답니다.

해외 유명 가든 디자이너

해외 가든 디자이너 하면 딱 떠오르는 사람이 있죠! 스스로 머물고 싶은 시간과 공간을 만들고 그 속에서 살다간 타샤 튜더입니다. 그녀는 타임머신을 타고 로맨틱한 18세기로 떠났는데요. 건축과 의상, 집기까지 18세기 영국에서 그대로 가져온 듯 동화 같은 삶을 살았답니다.

앞에서도 여러 번 언급했지만 타샤는 정말 부지런했어요. 아이 넷의 엄마로 살면서 30만 평의 정원을 가꾸고 다양한 가축을 길렀지요. 염소와 말, 고양이는 물론 코기(타샤의 정원을 코기 코티지라고도 하죠)와 다양한 강아지들, 앵무새 페러글 선장까지 돌봤답니다. 게다가 동화작가로서 100여 권의 책을 출간했고요. 옷도 만들어 입고 숙련된 솜씨로 요리도 하면서 여유로운 자연주의적 생활을 했다고 해요. 아이들의 생일에는 케이크에 촛불과 꽃 장식을 해서 물 위에 띄워 흘려보냈다고 하는데 동화 속 마법사 같은 이야기죠? 게다가 목각인형 의상과 가구까지 만들고 인형극도 했다니 그녀의 부지런함과 재능, 열정이 놀랍기만 합니다.

살림도 해야 하고, 현장도 가야 하고, 미팅도 다니고, 수업도 하고, 디자인도 하고, 마당에 꽃도 심고 물도 주고 풀도 뽑아야 해서 변신로봇처럼 빨리 모드를 전환하고 바로바로 집중하고 싶은데 머릿속이 뒤죽박죽 엉켜 일정을 챙기기 힘들 때 "아이고, 타샤 할머니는 어떻게 했을까?"라는 말이 절로 나옵니다. 개 한 마리, 토끼 한 마리 키우고 싶어도 '현장 가면 밥은 누가 챙기지?' 하는 걱정에 생각을 접습니다.

바쁘다는 핑계로 자연인의 삶은 흉내조차 못 내지만 틈틈이 정원에 머무는 시간은 참 행복해요. 타샤도 좋아하는 마음으로 힘든 일들을 극복했으리라 짐작합니다. 제가 정원 일을 시작하게 된 계기도 타샤의 책을 만나고 나서였어요. 좋아하는 일을 하는 행복한 삶이 보였거든요. 그림도 그리고, 꽃도 심으면서 그녀의 삶을 닮고 싶었죠(옷 만들기와 요리는 빼고요). 무슨 일을 하든 이렇게 멘토로 삼거나 모델링할 인물 한 명쯤 두는 것은 중요합니다. 그를 보면서 희망과 나아갈 원동력을 얻을 수 있으니까요.

가든 디자인을 시작한 후에는 톰 스튜어트 스미스라는 영국 가든 디자이너의 작품에 푹 빠졌답니다. 어떤 공간이든 주변과 어울리면서 모던하고 내추럴한 디자인, 식재와 컬러는 물론 그가 그린 스케치에서도 매력이 뚝뚝 묻어나지요.

그의 작품은 봄, 여름, 가을, 겨울 정원의 사계를 감상하는 법을 일러 줍니다. 정형적이고 단정한 상록의 나무와 내추럴한 식재 구성, 공간별로 디자인 감각이 엿보이는 가든 디자이너로 첼시 플라워쇼에서 8번이나 수상하고 금상까지 받았으며 세계를 무대로 디자인 및 시공 작업을 하고 있습니다.

존 브룩스John Brookes는 정통파 교육을 받은 1세대 가든 디자이너인데요. 올 여름 영국에 있는 덴만스 가든Denmans Garden을 방문했다가 그를 만나는 행운을 얻었답니다. 고령의 나이에도 활발하게 작업하고 있는 그의 모습에 감동 받았지요. 덴만스 가든 입구에는 식사를 하고 차를 마실 수 있는 레스토랑이 있습니다. 그 내부는 독특한 하우스 건축기법으로 만들어졌죠. 덴만스 가든은 장식물, 오래된 피아노, 그의 저서(존 브룩스가 출간한 디자인 기초 저서들은 디자인 입문서로 훌륭합니다)와 가든 관련 저서, 작은 가든 센터, 우리 안의 공작새 등 볼거리가 많아요.

등나무 꽃 담장을 끼고 작고 아담한 입구로 들어서면 아름다운 정원의 모습에 탄성이 절로 나옵니다. 맞은 편 작은 문으로 들어서면 내추럴한 느낌의 정원과 연못이 있고 소년상이 단아한 매력을 뽐내고 있지요. 온실을 끼고 앉은 본채는 그가 머무는 집인데요. 벽난로가 있는 작업실과 도면 작업을 하는 책상이 놓여 있습니다. 서랍을 열고 현재 작업 중인 손으로 그린 도면(러시아 정원 버블스케치)을 보여주는 존 브룩스와 귀여운 강아지 두 마리의 모습에서 그가 만든 정원보다 더 특별한 정감을 느낄 수 있었답니다! 나이 들어서도 값나가는 호박 같은 분을 직접 만난 거죠. 전 세계를 무대로 작업하는 모습이 부럽기도 하면서 존경스럽고 멋있었어요, 그러면서 정원을 만드는 일을 하고 있는 제 자신이 참 행복하다는 생각이 들었습니다.

이번에는 조금 다른 스타일을 가진 작가를 만나볼까요? 바로 우리나라 순천만 정원박람회에 작품이 설치된 찰스 젱스Charles Jencks입니다.

존 브룩스가 자신이 그린 버블 스케치를 보여주고 있습니다.

덴만스 가든

그는 포스트모더니즘 건축가이자 조경가인데요. 우주적 사색의 정원The Garden of Cosmic Speculation이라는 자연관을 가진 그의 작업은 대지미술이며 예술적인 요소가 강합니다. 미술계에서는 대지미술 작가로 알려져 있지요. 가든 디자인이 자연의 모방이냐, 창작이냐를 따진다면 그의 작품은 창작의 세계에 가깝습니다. '정원' 하면 떠오르는 모든 상식을 흔들고, 생각지도 못한 풍경을 보여주거든요. "이것도 정원이야?" 하며 나무도 꽃도 없고 잔디만 심어 심심하다는 사람도 많긴 합니다만, 낯선 풍경이 주는 미학적 아름다움과 신선함에 묘한 매력이 느껴집니다.

그의 독특한 작품 세계는 죽은 부인을 위해 만든 포트랙하우스Portrack House 정원에서 비롯되었습니다. 남부 스코틀랜드의 12만m²에 달하는 대지에 만든 정원이지요. 젱스의 정신적 바탕에는 동양사상이 깔려 있는데요, 동양식 차경, 일본식 젠 스타일 등 그의 동양적 사고에 영향을 미친 사람은 다름 아닌 그의 부인이랍니다. 일본인인 그녀는 『Chinese Garden: History, Art & Architecture』라는 책을 저술하는 등 풍수지리에 입각한 중국 정원 관련 책을 냈다고 하네요.

찰스 젱스의 정원은 대지미술적인 면이 돋보입니다.

찰스 젱스는 조경가이지만 사실 미국 하버드에서 영어와 건축, 영국에서 건축박사 학위를 받은 사람입니다. 30권이 넘는 저서를 출간하고 많은 작업을 남긴 사람이에요.

이 외에도 정원의 역사에 영향력을 끼친 작가는 참으로 많습니다. 정원 및 식재 패턴을 바꾼 사람으로는 거트루드 지킬을 꼽을 수 있죠. 식물을 디자인한다는 개념을 처음으로 도입한 사람입니다. 피터 오돌프Piet Oudolf는 기존에 식물을 심던 방식에서 벗어나 뉴 웨이브 플랜팅 스타일 New Wave Planting Style을 개발합니다. 부드러운 그라스류와 초화가 어울리는 식물 구성으로 겨울에도 아름답게 물결치는 꽃밭을 구성하는 작가로 유명하지요. 1982년부터 네덜란드 어느 마을에서 자신의 정원을 꾸미고 가꾸면서 익힌 식물에 대한 지식과 색채를 보는 식견을 가진, 감각 있는 식재 스타일을 구가하는 세계적인 작가입니다.

여러분도 이 책에 언급된 가든 디자이너들처럼 자신만의 독자적인 스타일을 구축하는 세계적인 디자이너가 되길 바랍니다.

플라워쇼 이야기

영국, 첼시 플라워쇼

첼시 플라워쇼RHS Chelsea Flower Show는 1827년을 시작으로 제2차 세계대전이 있었던 해를 빼고 꾸준히 개최되어 190년에 가까운 전통을 자랑하는 영국의 플라워쇼입니다. 이 쇼는 영국 왕립 문화원Royal Horticultural Society의 주최로 열리는데요. 영국 왕립 문화원에서는 멜버른 봄 플라워쇼Malvern Spring Festival, 플라워쇼 카디프Flower Show cardiff 등등 7개가 넘는 플라워쇼와 가든쇼를 개최한다고 해요. 등네마다 쇼가 일 년 내내 열리는 셈이지요.

첼시 플라워쇼는 원예 및 농작물 품평회를 열고, 가든 디자인과 새로운 가든 스타일을 제시하는 정원 및 원예 박람회입니다. 식물 그림, 보타니컬 아트를 볼 수 있고, 음악과 춤, 공연, 문화 행사 축제에 이르기까지 다채로운 프로그램을 운영하고 있답니다. 영국 황실의 공식 행사로 축제 모습을

BBC 방송국 가든 프로그램 채널에서 보도할 정도로 인기가 많아요.

첼시 플라워쇼는 전시 기간 5일 중 3일을 일반인에게 공개하는데, 첫째 날은 왕실과 국빈급 인사의 비즈니스 데이입니다. 둘째 날에는 전 세계 바이어들이 전시를 돌아보고 원예품을 계약하는데 이 시기에 이루어지는 매출이 일 년 매출의 30%라고 하네요. 요즘에는 전 세계 사람들이 영국 스타일 정원과 첼시 플라워쇼를 구경하기 위해 몰리는 덕에 관광 사업에도 도움이 된다고 합니다. 영국의 정원 산업은 1차 산업부터 6차 산업[*]까지의 발전을 내포하지요. 이제 영국 정원은 황금알을 낳는 훌륭한 자원으로 거듭났습니다.

첼시 플라워쇼는 5월에 열리는데 전년도 12월 1일부터 입장권 예매가 시작됩니다. 입장객수를 지정해놓았지만 암표가 성행하고 사람이 많아 제대로 구경하기도 힘들지요.

인간은 자신에게 없는 것을 동경하고 부러워합니다. 첼시 플라워쇼만 봐도 알 수 있어요. 영국인의 눈에는 일본식이나 한국식 멋진 돌과 가부리형 소나무가 신기하고 기이하게 느껴질 테죠.

> 영국의 기후와 지형적 특성은 얕은 구릉에 우리나라 해양성기후와 비슷하고, 별반 특색이 없습니다. 어쩌면 영국인들은 지루함에 정원을 열심히 가꾸는 걸지도 모르죠. 우리나라의 국립공원을 보세요. 전국의 산과 계곡, 독특한 돌과 바위, 자연이 빚어 만든 풍경은 보기만 해도 다채롭습니다. 그들의 환경에 비하면 정원이 필요하기보다는 그저 좋은 경치를 찾아가면 되죠. 좋은 경치에 집과 정자만 앉히면 뚝딱 정원이 되는 우리네 스타일이 이해가 됩니다. 현대에 와서는 우리 주거 문화가 삭막하여 땅이 없으니 인공지반을 만들고, 작은 곳에라도 정원을 담고 싶어 하는 것이지요.

---

[*] 1(농림수산업), 2(제조, 가공업), 3(서비스업)차 산업을 복합해 농가에 높은 부가가치를 발생시키는 산업으로 농산물을 생산만 하던 농가가 고부가가치 상품을 가공하고 향토 자원을 이용해 체험프로그램 등 서비스업으로 확대해 높은 부가가치를 발생시키는 산업을 말한다.

금상을 받은 댄 피어슨Dan Pearson의 작품 르랑-페리워스가든The Laurent-Perrier Chatsworth Garden은 영국인인 그가 일본에서 영감을 얻어 만든 정원이랍니다. 돌을 고인돌처럼 쌓아 그 사이로 건수*가 내려오는 듯한 실개천 수로를 만들고 고목을 심어 야생성이 넘치는 식재 패턴을 구사한 것이 높은 평가를 받아 대상을 받았답니다. 원시림을 묘사해놓은 듯한 풍경이지요. 우리네 들녘에 흔히 보이는 정원 같다고나 할까요? 독특하고 낯선 풍경이 주목을 받은 사례입니다.

다음 작품에는 '이슬람의 아름다움'이라는 이름이 붙어 있습니다. 이슬람, 아랍의 문자와 이슬람 정원의 특징인 4방향의 물, 4개의 방을 이루는 벽과 이슬람 건축의 특징인 아치게이트로 통하는 디자인이 눈에 띄네요. 흰 벽, 흰 바닥을 이용한 눈부신 은빛과 올리브 나무가 포인트입니다. 은도금을 한 듯한 조각 작품과 쉼터도 멋지고, 무엇보다 "오! 이게 바로 이슬람 정원이구나!" 하는 생각이 들 정도로 이슬람 정원의 특징이 단연 돋보이는 정원이에요.

> 첼시 플라워쇼에 전시된 작품들은 쇼가 끝나면 매매되어 다른 장소로 옮겨 설치됩니다.

로랑-페리워스 가든

이슬람의 아름다움

---

* 늘 솟는 샘물이 아닌 장마 때 땅속에 스미었던 물이 잠시 솟아나서 괴는 물.

대런 호크스Darren Hawkes의 돌고래 정원The Brewin Dolphin Garden 은 돌고래를 상징하는 정원입니다. 개인의 묵상을 위한 공간이며 신석기 시대 고인돌과 제임스 터렐James Turrell의 작품 등에서 영감을 얻어 탐험 의 흥미를 불어넣은 정원이라고 해요. 지붕, 기둥, 바닥의 판재는 슬레이트 40,000조각을 합쳐서 만든 돌 판을 사용했는데, 보는 이로 하여금 장인정 신은 물론 어마어마한 작업량과 질, 쏟아 부은 열정을 느끼게 합니다. 부 드럽게 흐르는 물과 양치식물, 주변에 함께 심은 식물은 야생의 숲에 온 듯한 분위기를 풍깁니다.

아담 프로스트Adam Frost의 작품인 더 홈베이스 가든The Homebase Garden은 일반적인 모던한 주택 정원 스타일로 보면 됩니다. 물과 잔디, 꽃밭, 초록색 스크린 울타리로 조성된 쉼터는 밤하늘의 별을 보기 위한 장소인데요. 상상 도시의 풍경을 반영한 포틀랜드 시멘트 콘크리트, 코르 텐 스틸과 삼나무, 이 세 가지 재료를 사용해 만들었답니다. 영국식 정원 에서 산울타리나 포인트 스크린으로 변화를 주거나, 무늬만으로 문을 둔 것도 지루함과 단조로움을 깨는 수단으로 디자인에 사용되었지요.

돌고래 정원

홈베이스 가든

캐나다 왕립은행은 기업 후원 형태로 5년 연속 첼시 플라워쇼에 참여했는데요. 매튜 윌슨Matthew Wilson은 캐나다 왕립은행의 후원을 받아 만든 정원에서 신선한 물을 절약하는 것의 중요성을 강조했답니다. 그는 정원을 세 가지 주

매튜 윌슨의 정원

요 부분으로 분할했어요. 공학목재로 만든 꼬불거리는 '베드형 벤치', 원형의 데크 공간이 있는 '드라이 정원', 중앙의 '물 정원'으로 구성하여 물 저장 영역 및 식용 정원으로 조성했지요.

첼시 플라워쇼는 작가가 후원을 받아 시공하는 것이 특징인데, 이처럼 회사 이름으로 직접 후원하는 경우도 있습니다. 기업과 단체가 플라워쇼에 참여하는 것은 기업 이미지를 높이는 데 도움이 된다고 봐요. 더불어 기업 이익을 공익 차원에 나누는 것도 의미가 있습니다. 가든 관련 사업은 사회적 기반으로 많은 사람들이 직간접으로 누리는 부가 가치가 크거든요.

2014년 영국 BBC 방송과 첼시 플라워쇼 시민투표로 뽑힌 우승자 매튜 케슬리Matthew Keightley의 디자인, '센터발레-취약한 곳에 희망을 Sentebale- Hope in Vulnerability' 정원은 레소토 마모하토Mamohato에 지은 아동 센터 개관을 축하하는 정원인데요. 영국의 해리왕자가 세운 자선단체*인 센터발레 자선단체의 목적에 부합하는 콘셉트로 정원을 설계했습니다.

---

* http://www.sentebale.org

취약한 곳에 희망을   살아있는 유산 정원

  남아프리카 공화국 산악 지역의 대표적인 바위와 물의 기능을 강조하기 위해 폭포를 만들고, 건물로 둘러져 있는 정원은 도움이 필요한 아이들에게 안식처를 제공하는 마모하토 아동 센터를 나타냅니다. 또 입구에 대상 및 이용 방법을 표시해두는 등 '사회적 기여'라는 개념이 깃든 의미 있는 정원이에요.

  다음으로 살펴볼 정원은 '살아 있는 유산The Living Legacy Garden'이라는 이름의 정원입니다. 앤드류 윌슨과 개빈 맥 윌리엄Andrew Wilson & Gavin McWilliam의 공동 디자인이죠. 워털루 전투에서 웰링턴대 학생들이 참전하여 승리를 거둔 지 200 주년이 되는 해를 기념하는 정원으로, 워털루의 풍경과 지형에서 영감을 얻었지요. 영국과 연합군의 연대를 나타내는 색상을 강조하고, 대학의 가르침의 중요성을 학생 및 졸업생들의 개인 조각으로 표현했습니다.

  여기까지 다양한 콘셉트를 지닌 영국 쇼 가든을 들여다보았는데요, '무엇을 어떻게 바라보느냐' 하는 관점의 차이가 바로 개성입니다. 같은 사물도 다르게 보는 다양한 관점이 유연한 사고를 할 수 있도록 도와주지요. 정원마다 의미를 부여하고 그것을 형상화하는 과정이 재미있지 않나요?

프랑스, 쇼 가든

영국의 첼시 플라워쇼가 현실적인 정원 스타일이라면 프랑스의 '쇼몽 가든 페스티벌International Garden Festival of Chaumont sur Loire'은 쇼 정원 느낌이 더 강합니다. 루아르 강변 옆 쇼몽 성을 끼고 열리지요. 첼시 플라워쇼처럼 기간이 짧지 않고, 4월에서 11월까지 전시 기간이 깁니다. 또 전시를 이루는 작품들의 예술적인 면모가 강하다는 점이 특징이에요.

1992년부터 열린 국제 정원 축제로 정원과 풍경에서 끌어낼 수 있는 창조적 분야의 실험실이라 해도 과언이 아닙니다. 정원 예술의 활력을 불어넣고, 대중과 호흡하며 새로운 원예, 새로운 재료, 새로운 인재를 발굴하고 기발한 아이디어와 혁신적인 접근 방법을 제시하는 데 목적이 있어요.

다양하며 창의성 짙은 프로젝트의 질은 풍경의 새로운 개념을 제시해나가며, 세계적인 대회로 자리 잡았습니다. 축제는 해마다 다른 콘셉트로 진행되는데, 2015년에는 녹색 유산, 플랜트 엔지니어링, 에너지 절약, 특별한 식물이 있는 예술 창작품을 선보였지요. 정원의 예술화라고 해도 무방할 정도의 파격도 허용된답니다.

성과 공원의 산책로를 걸으며, 많은 현대 예술가들의 설치작품을 만날 수 있고, 아티스트와 가드너 자신의 초현실적인 내면을 비추는 정원 스타일을 만나볼 수 있습니다. 다시 말해 예술과 정원의 결합인 셈이지요. 설치 작품에 가까운 작품들로 정원에 대한 고정관념을 깨는 다양한 면모를 갖춘 가든 쇼 페스티벌입니다. 쇼몽 가든 페스티벌은 모든 예술적 감성을 불러일으키는 축제의 장입니다.

쇼몽 가든 페스티벌

꽃의 나라 네덜란드

꽃의 나라 네덜란드에서는 1960년부터 10년마다 원예 박람회인 플로리아드가 열리며 원예 수출 강국의 입지를 굳히고 있습니다. 네덜란드는 17세기에 이미 튤립 개량에 몰두해 희귀 튤립은 그 가치가 집 한 채 값을 넘을 정도였는데요, 튤립축제인 쿠켄호프Keukenhof와 플레볼란트Flevoland주의 노르도스트폴더르Noordoostpolder에서는 튤립의 찬란함을 엿볼 수 있답니다. 2,500ac(에이커. 약 10km²) 이상의 세계에서 가장 아름다운 튤립 길을 볼 수 있는 이곳은 튤립축제 관광지로도 유명합니다. 풍차와 목각신발, 형형색색의 튤립이 어우러진 화보로도 익숙한 곳이죠. 튤립펀드가 있었던 나라인 만큼 튤립이 피는 시기에는 화려한 열기가 넘치는 튤립 페스티벌Tulip Festival로 유명합니다.

> 네덜란드를 상징하는 사물 중에는 나막신이 있습니다. 일본의 나막신과는 조금 다르게 발을 온전히 감싸는 모양인데요. 네덜란드의 전통신발 Klompen(클롬펜, 한 짝일 때는 Klomp)입니다. 진흙땅이 많은 네덜란드의 자연 환경에서 신기 좋은 실용성 만점의 신발로 가죽이나 금속을 덧대 더 예쁘고 튼튼하게 만들어 신기도 했다고 해요. 본래 노동자들이 들판에서 일 할 때 신던 신발인데 보기보다 가볍고 발을 보호하는 데 안성맞춤이었다고 합니다.

네덜란드 정원 풍경

네덜란드의 정원

네덜란드를 상징하는 풍차와 클롬펜, 한 번 신어보고 싶네요.

독일

독일의 원예 박람회는 다채로운 프로그램을 마련하고 있습니다. 계절 원예 및 식물 배치가 잘 되어 있고, 아름다운 보석과 패션 컬렉션에서 창조적인 디자인과 아이디어를 엿볼 수 있지요. 게다가 조각가와 화가의 전시, 음악 공연 등 다양한 장인의 시연과 맛있는 요리, 지역 특산품까지 맛볼 수 있답니다. '뤼벤Lübben의 라이프 스타일 박람회'는 강으로 둘러싸인 성, 섬, 넓은 잔디와 오래 묵은 나무가 있는 공원에서 개최됩니다. 산책로, 소리 정원, 미로와 물놀이가 가능한 정원 등 여유로운 라이프스타일을 만드는 데 주력하고 있지요. 이 밖에도 광역적이며 지역적인 행사가 많다고 합니다.

일본

일본도 가든 페스티벌이 활발한 나라입니다. 나가사키에는 네덜란드와 수교를 맺으며 네덜란드 성을 본떠 만든 하우스텐보스huis ten bosch라는 관광지가 있는데요, 이곳에서 열리는 가드닝 월드컵GWC은 세계 최고 권위의 가드닝&플라워쇼로 '첼시 플라워쇼'의 골든 메달리스트를 비롯해 세계 각국의 톱 가드너가 집결하는 '꽃과 녹음의 제전'입니다.
'꽃과 녹음에 의한 평화와 재생으로의 기원'이라는 캐치프레이즈를 걸고 평화의 도시 나가사키의 시민들과 자연의 공존을 지향하는 거리 하우스텐보스에 조성된 쇼 가든을 보노라면 '시공비가 얼마나 든 건가?' 싶을 정도로 장인정신이 돋보이는 시공과 마감에 놀라게 되지요. 한편으로는 전쟁의 주범이었던 국가가 핵전쟁의 피해를 부각하며 피해국의 입장으로 평화를 파는 행태도 놀랍습니다.

하우스텐보스 정원

이시하라 카즈유키(石原 和幸)무릉도원　　　　　　　　미조구치 유키히로(해,달정원)

우리나라

우리나라의 가든쇼로는 고양 꽃박람회, 경기 조경박람회, 순천만 정원박람회 등이 있는데요. 대회력이 짧고 시공비 지원도 턱없이 부족한 형편이라 전시된 정원들의 마무리가 다소 엉성합니다. 그도 그럴 것이 잠시 후면 철거될 가설 정원이라 어느 정도 이해는 되지요. 다만 오래전에 조성된 정원 같던 일본 쇼 가든의 섬세함이 엿보이는 디자인과 시공을 떠올리면 많이 반성하게 됩니다.

우리나라에서는 1997년 고양 꽃박람회가 화훼전시로 시작되었고, 2013년부터 정원 개념의 전시로 바뀌었다가 올해부터 코리아 가든 쇼로 바뀌어 본격적인 정원 스타일을 소개하고 있습니다. 2015년에는 일본의 하우스텐보스 전시만큼 디자인 의도는 물론 마무리까지 차원이 다를 정도로 좋아졌지요.

2015년은 정원법이 만들어진 원년이기도 합니다. 개인도 정원을 만들어 입장료를 받을 수 있게 되고, 3년 이상 묵은 아름다운 개인 정원을 발굴하는 대회도 있어 정원 붐이 제법 일고 있는 추세예요.

순천만 국제정원박람회에서는 세계적인 가든 형태를 제시하며, 다양한 국내외 작가들의 정원 작품을 볼 수 있습니다. 해마다 공모도 하고 있고요. 코리아 가든 쇼를 시작으로 우리나라도 후원자와 협력하는 시스템으로 공모하고 시공한 덕분에 작품의 질이 좋아졌어요. 더불어 우리도 정원에 대한 후원과 지원이 필요하다는 인식을 자리 잡아가는 중이랍니다.

경기 정원박람회는 환경 개선에도 일조합니다. 쇼가 끝나면 정원을 철수하던 방식과 달리 경기지역을 돌면서 해마다 정원으로 환경 개선이 필요한 적합지에 정원을 영구 설치하는 쪽으로 기획의도를 잡았거든요.

2013년 고양 꽃박람회에서 가든전을 할 때는 철거하는 꽃들을 김포 한마음터 복지관과 교회로 보내기도 했답니다. 홍지연 작가는 복지관 정원에 기부 정원을 만들기도 했고요. 2015년부터는 국립수목원에서 개최하는 생활 정원 공모전에서도 철거하는 정원을 기부하거나 마을에 후원하는 다양한 쓰임을 모색하고 있습니다.

국립수목원에서 열리는 생활정원 공모전도 여타의 공모전처럼 주제를 갖고 여는 정원인데요, 개인이나 그룹, 그리고 가족 단위 팀 출전이 가능하여 아름다운 정원과 모범적인 팀워크를 보여준다는 생각이 듭니다. 이게 바로 공모전의 순기능이지요.

우리나라에서도 기획과 의미가 돋보이는 가든 쇼가 많이 생겨나고 있습니다. 플라워쇼가 9년, 가든 쇼가 3년으로 경력이 짧고 갈 길도 아직 멀지만 다른 나라의 사례를 연구하고 열심히 익혀 언젠가 부흥기를 맞을 거라 생각해요. 거시적인 안목을 가지고 전 세계를 무대로 활동하게 될 후배 가든 디자이너들을 응원합니다. 이 책을 읽고 있는 여러분 중에서 세계인이 공감하게 되는 디자인을 하는 가든 디자이너가 탄생하길 바라요. 마음을 열고, 늘 열린 사고로 새롭게 생각하는 습관을 가지도록 합시다.

쇼보다 중요한 이야기

인간만큼 학습 기간이 긴 동물이 또 있을까요? 유치원, 초등학교, 중고등학교를 거쳐 대학원, 길게는 석·박사를 마치고 포스트닥터까지! 공부에는 정말 끝이 없어요. 그런데 문제는 갈수록 '공부만' 한다는 점입니다. 놀이시간은 점점 줄어들고, 취직이 안 되는 과, 취직에 필요 없는 과목은 등한시하는 시대지요. 합창대회, 백일장은 귀찮은 행사일 뿐이고 체육시간, 음악시간, 미술시간은 비중이 낮다 못해 수업 자체가 없어질 지경입니다.

그나마 있는 휴식 시간에도 컴퓨터 게임에 밀려 우리의 전통 놀이 문화는 설 곳을 잃었습니다. 마당놀이는 마당과 함께 사라지고 학교 운동장도 줄어 아침 조회는 교실에서 영상으로 대신합니다. 학생들은 이제 흙을 밟을 일도 없고, 산과 들을 누비며 열매나 식물의 잎을 씹어보거나 뿌리를 먹어볼 일도 없습니다. 개울과 들에서 온갖 수단과 방법을 동원해 물고기, 잠자리, 메뚜기를 잡으며 민첩성을 발휘할 기회도 사라졌고요. 자연을 모르니 자연을 동경하는 마음도 쉽게 자라나지 않습니다. 익숙하지 않고, 경험한 적 없는 것은 불편하고 두렵기만 하지요. 천편일률적인 장난감, 모험과 호기심을 자극하지 않는 놀이터는 아이들의 감성을 키워주지 못합니다. 게다가 다들 학원에 가느라 바빠 여럿이 모여 놀기보다는 혼자 하는 놀이에 익숙합니다. 이런 시대에서 정원은 누가 대신 예쁘게 가꾸어놓은 것을 '보기만 하는 공간'으로 인식됩니다.

마트에서 '장난감 흙'을 판다는 사실에 충격을 받았던 기억이 여전한데요. 환경오염 때문에 아무리 지저분하고 세균이 많다고는 하나 놀이용 흙을 팔다니, 어린 세대들에게 미안한 마음도 들었습니다. 상황이 이렇다 보니 정원에서 벌레 하나만 나와도 농약을 쳐서 없애야 한다며 호들갑을 떠는 게 이해는 됩니다.

도회지의 땅이 없는 환경에서 자란 아이들에게 자연에서 할 수 있는 놀이와 가드닝을 접할 기회를 주어야 한다고 생각해요. 주택 옥상, 아파트 테라스, 학교 운동장, 학교 옥상을 이용한 생태형 정원이나 텃밭, 자연교실을 만들어 생물과 만나는 일에 흥미를 느낄 수 있는 환경이 조성되어야 합니다. 모든 아이들의 마음에 회색 콘크리트 대신 갖은 빛깔의 따뜻하고 여유로운 평화가 깃들기를 소망해요.

아이들에겐 자연과 가까워지는 훈련이 필요합니다. 언젠가 정원에서 수업도 하고 쉬는 시간에는 맨발로 뛰어놀 수 있는 학교가 많이 늘었으면 해요. 정원이 우리에게 미치는 영향은 온도계로 재거나 자로 재지 않아도 뜨겁고 높고 넓고 깊습니다.

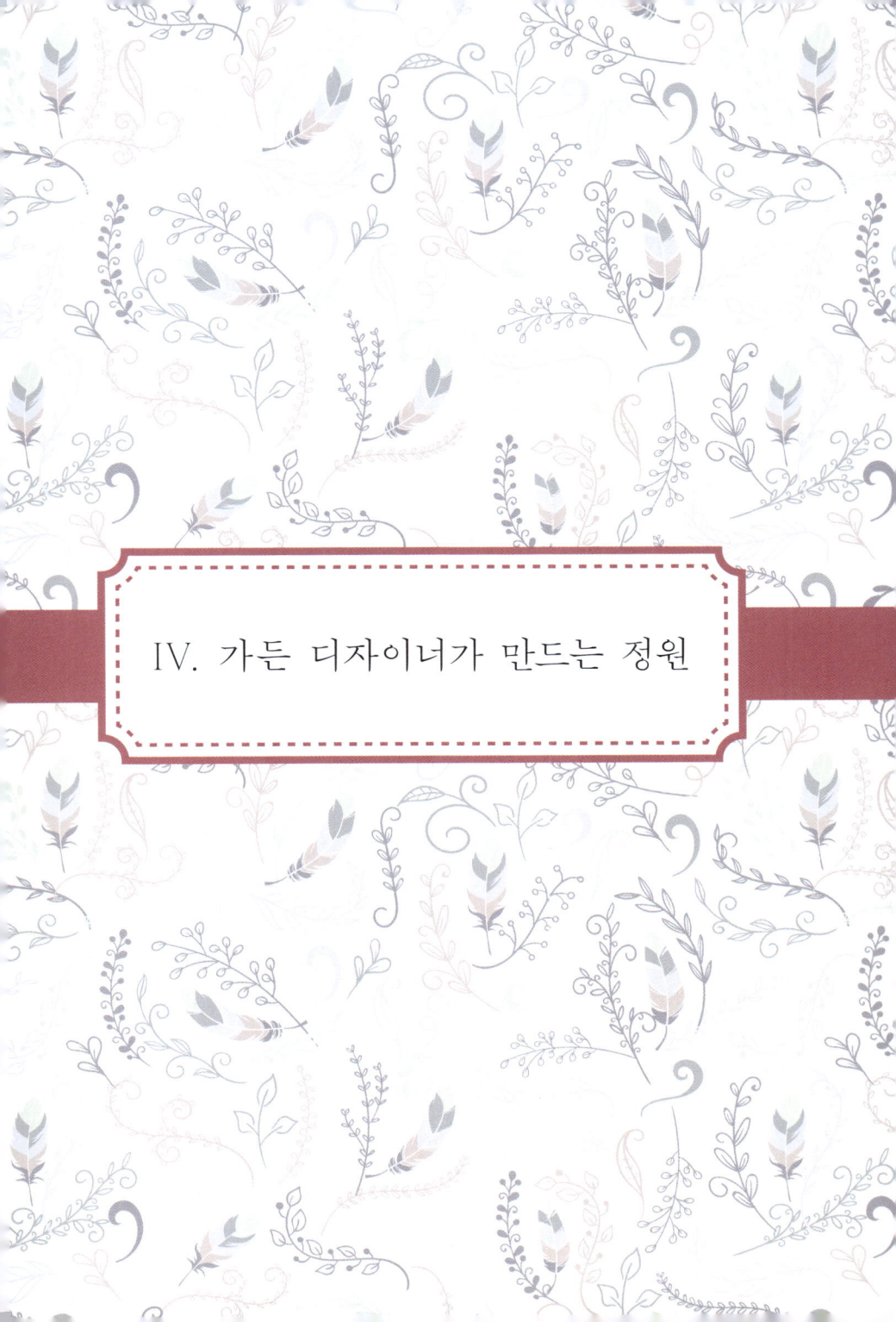

IV. 가든 디자이너가 만드는 정원

의뢰인 미팅에서
시공·관리까지

과정별 디자인 포인트

의뢰인이 가든 디자이너에게 작업을 요청하면 가든 디자이너는 일련의 과정을 거쳐 정원을 만들어갑니다. 그 과정이 어떻게 이루어지는지 간단하게 정리해보겠습니다.

미팅 단계에서

가장 먼저 정원을 의뢰한 사람을 만나봐야겠죠. 의뢰인의 목적과 취향, 의도를 알아보고 체크리스트를 작성합니다. 의뢰인이 바라는 정원 스타일은 어떤지, 정원에서 하고 싶은 일은 무엇인지, 원하는 이미지를 체크하는 단계로 의뢰인은 물론 구성원의 취향까지 정확하게 파악하는 것이 중요합니다. 반려견이 있는지도 확인해야 하고요.

그 다음에는 부지 환경에 따르는 특성을 파악해야겠죠. 연중 기온과 강수량, 일조량 등을 체크합니다. 이때 동서남북 방위를 알고 있으면 일조

단계		내용
1	초기 컨설팅	● 클라이언트(client, 의뢰인)와의 미팅 ● 의뢰인의 목적과 욕망, 감각을 알 수 있는 간단한 질의응답(질문지 작성)으로 파악
2	설계준비 부지조사 및 환경분석	● 도면을 기초로 실측 ● 환경과 법규 분석, 파악→실측, 사진, 건축물 설계도면 등을 종합해 설계에 필요한 기초 자료를 제작 ● 초기 디자인 콘셉트를 제안하는 시기
3	간단한 제안	● 기초 자료를 바탕으로 일반적인 아이디어 스케치 ● 버블(bubble) 스케치, 러프(rough) 스케치, 브리프(brief) 등 참고 이미지로 서로의 상상을 구체화
4	디테일한 제안	● 토론을 통한 디자인 발전 및 그에 따른 상세 도면과 환경을 고려한 식재 디자인, 수량표 제작 ● 시공법과 예산 확정을 위한 조율 작업
5	시공	● 마스터 디자인 확정 후 직접 턴키로 일괄 시공하거나 의뢰인과 감리 계약으로 다른 업체의 작업에 조력
6	관리	● 직접 관리 계약을 체결하여 진행하거나 정기적 조언, 24개월, 관례상 AS 및 정원 관리 정보와 조언(관리 작업 내용 정리) 전달

과정별 디자인 포인트: 미팅에서 시공까지

량을 아는 데 도움이 됩니다. 또 같은 동네라도 위치에 따라 주어진 환경이 다르므로 정원을 만들 공간을 세세하게 살피는 작업이 필요합니다. 골바람*이 부는지, 그늘이 있는지, 배수와 배관은 어떻게 되어 있는지도 확인해야 하죠. 땅의 경사도도 중요합니다. 계단식 정원이나 슬로프식 정원 등 정원 형태와 배수 방법, 정원의 공간미를 잘 살릴 수 있는 계획이 나와야 하거든요. 이 단계에서 건축도면과 실측을 통해 직접 확인하는 작업이 필요합니다. 나아가 주변 환경을 분석하는 작업도 빠져선 안 돼요. 근처에 오염원이나 지저분한 풍경은 없는지, 사생활 보호는 어떻게 할 것인지 등 주변과의 관계를 파악합니다.

---

* 골짜기에서부터 산꼭대기로 부는 바람.

목록	필수	희망	기대	기타
화려한 꽃밭				
야생화 정원				
텃밭				
약초 정원				
억새 정원				
암석 정원				
허브 정원				
수공간(연못이나 분수)				
정자, 가제보				
퍼걸러, 아치				
정원가구				
게이트, 담				
오벨리스크				
펜스, 산울타리, 트렐리스				
온실				
주차공간				
바비큐, 파티장				
장독대				
데크				
오솔길				
도구 창고				
화분				
조명등				
…				

체크리스트 예시

  그리고 꼭 고려해야 할 사항이 있는데 바로 '예산'입니다. 의뢰인의 정원에 쓸 수 있는 예산을 미리 파악해두어야 해요. 대개 1차 미팅에서는 예산을 시원하게 밝히지 않습니다. 의뢰인들이 바가지를 쓸까 봐 걱정이 돼서 그런지 처음에는 이런 저런 것을 넣어 디자인하고 견적을 달라고 하거든요. 하지만 디자인 확정 단계에 이르면 집 짓는 데 예상 외로 금액이 많이 들어, 돈이 없다는 이유로 결국 디자인 변경이 불가피해지죠. 때문에 의뢰인과 디자이너 사이의 믿음이 중요합니다. 확실한 예산이 얼마만큼 있는지 알고 그 한도 안에서 일을 마무리하거나, 작업에 우선순위를 두어 순차적으로 해나가는 등 사전 협의가 이루어져야 일을 효율적으로 할 수 있을 테니까요. 서로의 꿈이 사라지지 않도록 명확한 윤곽을 그리는 것이 가장 좋습니다.

버블 스케치

의뢰인의 희망사항과 환경 분석을 마친 후 디자이너의 참신한 제안이 이루어지는 단계입니다. 대략적인 참고 이미지나 설경을 덧붙여 서로의 의견을 구체화하는 과정이죠. 콘셉트를 나누고 공간을 분할하여 동선 계획을 짜고 공간별 목적을 세웁니다. 최종 디자인에 들어가기 전인 만큼 예산과 디자인 조율도 좀 더 구체적으로 다루어져야 하고요.

디자인

구체적인 그림을 가지고 기술진과 시공협의까지 마치는 단계입니다. 여기서 최종 디자인이 결정되지요. 디자인을 할 때는 실현 가능한가를 따져보고, 어떤 재료로 어떤 시공법을 쓸 것인지도 고려해야 합니다. 디자인에 따라 금액은 물론 결과물의 느낌 또한 완전히 달라지거든요. 디자인과 사용할 재료는 건축물 및 주변과의 조화가 아름답게 잘 되어야 하지만 무엇보다 안전하고 오래 지속 가능한지가 가장 중요합니다. 사용할 자재를 눈으로 확인하거나 확보할 수 있는지도 미리 체크해둡니다.

이 단계에서 공간별 식재디자인도 확정됩니다. 가끔 구할 수 없거나 수입하는 데 한 달 반 이상 기다려야 하는 재료가 있는데, 이때는 자체 제작하거나 재료와 소재를 바꾸는 경우도 있어요. 원하는 만큼 계수나무 수량을 구하지 못해 전국을 다니다가 수량과 크기가 맞는 겹벚꽃으로 식재를 바꾼 일도 있었죠.

디자인이 어느 정도 구색을 갖추면 디자이너의 머릿속에서 봄, 여름, 가을, 겨울 정원의 모습과 그 공간을 누리고 즐길 사람들의 모습이 영화처럼 촤르륵 완성되는데요. 이때 여러 차례 미팅을 가지면서 구체적인 도면을 완성하고 견적서에 합의하여 시공 계약을 합니다.

시공

시공에 들어가기 전에 사전 점검과 준비 작업이 필요합니다. 필요 인력을 배치하고, 장비와 배송관련 운송 준비, 자재 준비, 식물 구매 준비, 일정 관리표를 차질 없도록 챙겨야 하죠. 디자인 의도와 시공법, 단계별 작업을 작업팀과 숙지하는 브리핑도 이루어집니다.

정원은 토목과 구조물을 제작하는 목수, 보도 포장공사, 석축 등 블록이나 돌을 다루는 사람, 나무 이식 전문가, 철을 다루는 사람, 조명을 다루는 사람, 수도 배관 및 오수관을 다루는 사람, 조적*과 미장을 하는 사람, 페인트 칠을 하는 사람, 스프링클러를 설치하는 사람, 심지어 음향 전문가까지 다양한 분야의 전문가들이 일의 순서와 역할에 따라 일정별로 함께, 또 따로 작업하게 됩니다.

디자이너는 현장에서 일이 잘 진행될 수 있도록 도면을 이해시키고, 작업 과정의 감리를 보면서 세부적인 것을 체크해가며 함께 작업합니다. 물론 디자인과 세부 도안을 넘기고 시공에 전혀 관여하지 않을 수도 있고요.

어쨌건 정원은 각 분야의 전문가들이 모여 이루는 종합 선물세트, 여러 악기가 하모니를 이루는 관현악이자 오페라입니다. 이때 연주자의 실력이나 연습 부족으로 불협화음이 나면 관객을 만족시킬 수 없겠죠? 작업자의 기술이 부족하면 전체 이미지를 망칠 수 있기 때문에 장인정신이 깃든 숙련된 기술자들과의 팀워크가 무엇보다 중요합니다.

그렇게 기반이 다져지면 공간별로 식물의 특성을 살린 식재 디자인에

---

* 돌이나 벽돌 따위를 쌓는 일.

맞게 토양을 만들고, 식물을 배치합니다. 가장 먼저 덩치가 큰 교목을 심고 관목, 초화 순으로 작업하지요. 나무의 수형에 따라 방향을 잡고, 모양과 뿌리 크기에 대비해 가지와 잎의 비율을 조절하면서 심습니다. 초화도 모내기하듯이 줄을 세우지 말고 활착*했을 때 크기만큼 공간을 띄워 적당한 간격을 유지하면서 심어야 해요. 꽃의 얼굴과 표정을 잡아가며 아름답고 자연스럽게 보이도록 하는 것이 중요합니다. 이때 뿌리가 잘 묻히도록 해야 하고요.

식재 작업이 마무리되면 액세서리, 장식물 소품이나 조각품, 화분, 정원 가구를 배치합니다. 분수나 설치한 조명에 스위치를 켜면 정원 만들기 작업이 완료되지요.

더러 마무리가 늦어지기도 합니다. 공사하는 동안 비나 태풍이 와서 일정이 연기되는 경우도 있고, 한창 정원이 만들어지고 있는데 의뢰인이 느닷없는 변심으로 엉뚱한 것을 요구하기도 하고요. 그 요구는 발전적인 내용일 수도 있고, 터무니없는 내용일 수도 있습니다. 가령 모던 콘크리트 건물에 철 입간판을 세우기로 했다가, "제가 백제인의 후손이거든요. 그래서 백제 전통 기와를 얹은 돌담을 대신 세우면 좋겠어요"라고 하면 조율이 필요합니다. 디자인 콘셉트냐? 의뢰인의 바람이냐? 둘 중 무엇을 선택할지 판단을 잘 해야 하는 경우가 많이 생기지요. 저는 큰 무리가 없는 한 그 정원을 누리고 즐길 주인의 바람을 이루어주어야 한다고 생각합니다. 다만 정말 아닐 경우에는 제 생각을 관철시키기도 합니다.

마당 정원을 작업할 때는 돌발 사태가 벌어지기도 합니다. 예상치도 못한 암반이 흙속에서 나오기도 하지요. 그럴 땐 도면의 형태가 바뀌더라도

---

* 옮겨 심거나 접목한 식물이 서로 붙거나 뿌리를 내려서 삶, 또는 그런 일.

암반을 이용할 수 있는 방법으로 우회하기도 합니다. 현장에서는 그때그때 일어나는 일에 대처해야 해요. 지금까지 단 한 번도 비슷하거나 같은 현장은 없었어요. 현장마다 다른 정원이 만들어지고 개성 있는 공간이 만들어진다는 생동감이 이 일의 가장 큰 매력입니다.

관리

정원은 살아 숨 쉬는 공간입니다. 생로병사를 거듭하며 성장하지요. 그렇기 때문에 꾸준한 관리가 필요한데요. 정원 관리는 나무나 초화, 시설물이 본래의 기능을 오래 유지하도록 돌봐주는 것입니다. 물 관리, 시설물 관리, 병충해 관리, 시비* 관리, 전정으로 수목 관리, 잔디 관리 등으로 구분하여 월별로 정리해 기록하면 좋아요.

시공이 끝나면 디자이너나 시공 책임자가 정원의 식물과 배수로, 구조물의 칠 등을 관리하는 방법을 설명하는데 이때 매뉴얼을 따로 만들어 관리하는 것이 바람직합니다. 초기에는 물 관리가 가장 중요해요. 뿌리를 내려 활착하고 난 후에도 적응력이 생겨 스스로 견디기까지 물이 부족하면 시들어 말라죽게 되고, 물을 너무 많이 주면 녹아내리거나 뿌리 발육을 못해 도태되어 볼품없이 망가지거든요. 잎이나 꽃이 많이 피는 채소밭이나 장미는 거름을 많이 주지만 나머지 식물은 과한 거름이 오히려 해가 되는 경우가 많습니다.

웃자라 연약한 가지들은 벌레에 약하고 장마철에 쓰러지기도 합니다. 식물의 미세한 생리에 따라 성격을 맞춰주고, 너무 번지는 식물은 옮기거

---

* 거름주기

나 나누기도 하며 도태되는 것을 갈아주는 작업이 필요해요. 계절별 수목의 전정 시기와 방법도 익혀두어야겠죠. 씨앗을 받아서 심는 일, 구근을 캐서 심는 일, 겨울철 갈수기가 계속 될 때는 좀 푸근한 날에 물을 주기 등등 경험하다 보면 절로 배우고 알아갑니다.

특히 옥상정원은 겨울 가뭄에 대비하는 물 관리가 필수입니다. 겨울에 눈이 많이 내릴 때를 대비해 상록수 가지치기와 눈 털기 작업도 필요하고요. 눈 무게를 이기지 못해 가지가 찢기지 않도록 하기 위해서죠. 조금만 신경 써도 아름다운 정원을 가질 수 있습니다. 조심해야 할 것은 봄에 핀 꽃이 여름에 잎이 졌다고 그 자리를 파서 다른 식물을 심는 행동입니다. 여름에 휴면기를 갖고 잠자는 봄꽃을 없애는 경우도 조심해야 해요. 더러 잡초와 화초의 어린 싹을 구분하지 못해 함께 뽑아버리는 황당한 일이 벌어지기도 하거든요.

디자이너와 시공 책임자는 정원 주인이나 관리자에게 관리 지침을 알려주고 교·관목, 시설물의 하자가 생겼을 때 보완해야 합니다. 주기적인 컨설팅도 놓치면 안 되고요.

2

계절별 생태를 정원에 적용하기

식물의 간단한 분류

식물은 간단하게 실외에 심는 식물과 실내에 심는 식물로 구분할 수 있어요. 우리나라에서 실내에 심는 식물들은 주로 강한 햇빛에 노출되면 누렇게 타들어가는 성격을 지닌 관엽식물*입니다. 관엽식물이나 양란**은 주로 더운 지역, 곧 밀림이나 정글의 큰 나무 아래 자라는 실외 식물이에요. 동남아시아, 남미 등 열대나 아열대 기후 지역에서는 길에서도 흔히 볼 수 있는 것들이죠. 이런 식물은 따뜻하면서 동해 피해가 없어야 하며, 빛이 약한 우리나라의 실내에서 기르기 적합하답니다. 흔히 개업 화분이나 실내 인테리어 소재로 쓰이기도 하는데요. 종류로는 녹보수, 해피트리, 떡갈고무

보스턴고사리

---

* 잎사귀 모양이나 빛깔의 아름다움을 보고 즐기기 위하여 재배하는 식물.
** 꽃을 보고 즐기기 위해 온실에서 재배하는 난과 식물을 통틀어 이르는 말.

나무, 뱅갈고무나무, 스파트필름, 극락조, 아이비, 보스톤고사리 등 수없이
많습니다. 우리나라 남부지역이나 제주도에 서식하는 식물들로 팔손이,
천량금, 묘이고사리, 산호수, 동백나무 등도 중부지역에서는 실내에 적합
한 식물이 됩니다.

화훼 생태학적 분류

다음 표를 보세요. 광도, 광주기는 뭐고 장일, 단일은 또 뭐냐고요? 일장
은 낮의 길이로 식물이 빛을 받는 시간을 말해요. 장, 중, 단으로 나눈 것
은 식물이 생육, 발아, 분화하는 데 빛의 영향이 크다는 것을 의미하죠.
장일성 식물은 낮의 길이나 조명이 12시간 이상 유지되면 꽃을 피우는 식
물입니다. 계절별로 봄과 여름에 피는 꽃이 해당되죠. 금잔화, 페츄니아,
글라디올러스, 해바라기 등이 있습니다. 중간성은 빛에 민감하지 않아 계
절에 관계없이 피는 꽃으로 장미, 베고니아, 채송화, 제라늄이 있습니다.
단일 식물은 빛이 12시간 이하로 유지되면 피는 가을꽃에 해당합니다. 대

기후	광도	광주기	광합성 양식	수분 요구도
지중해기후성	양지성식물	단일식물	C_3식물	건생식물
대륙서안기후성	음지성식물	장일식물	C_4식물	중생식물
대륙동안기후성	반음지성식물	중성식물	CAM식물	습생식물
열대고지기후성		중간성식물		수생식물
열대기후성		단장일식물		
사막기후성		장단일식물		
북지기후성				

화훼 생태학적 분류

금잔화

칼랑코에

베고니아

표적으로 국화, 나팔꽃, 포인세티아, 칼랑코에가 있지요. 만약 국화꽃을 일찍 피어나게 하고 싶다면 검은 막을 쳐서 빛의 양을 조절하면 됩니다.

요즘에는 사막지역에 살면서 바람에 굴러다니는 식물로 고중습도를 먹고 사는 식물인 틸란드시아를 비롯해 수염 틸란, 박쥐란도 대중화하고 있습니다. 공중식물이라 불리는 에어 플랜트Air plant, 다육이나 선인장류도 기후나 수분 요구도, 광도, 광주기, 광합성 방식에 따라 분류할 수 있습니다. 또 식물에 따라 광합성 양식이 다르기 때문에 암반응시 식물의 탄소 동화작용을 돕는 이산화탄소 고정법에 따라 분류할 수도 있어요. 수분 요구도는 말 그대로 물속에서 사는 식물, 물가에서 사는 식물 등 물에서 점점 멀어지는 순서로 분류하는 방법입니다.

에어 플랜트의 한 예입니다. 인테리어로도 손색이 없지요?

화훼 원예학적 분류

1, 2년초는 종자로 발아하여 생식과 성장을 1년 안에 마치는데요, 춘파와 추파로 구분합니다. 봄에 씨앗을 뿌리면 여름에 꽃이 피고, 가을, 겨울에 말라 죽지요. 수면에 들어가 2년째 꽃을 피우고 지는 종류도 있습니다. 풀솜꽃(아게라텀), 맨드라미, 천일홍, 과꽃 등 우리가 일반적으로 아는 꽃이

1,2년초	디기탈리스, 캐리포니아포피, 물망초, 팬지, 일일초, 봉숭아, 맨드라미…
화목류	매화, 벚나무, 목련, 산달나무, 층꽃나무, 단풍나무, 소나무, 향나무, 편백, 버드나무, 흰말채, 노랑말채나무, 황매화, 조팝나무, 나무수국, 여른수국, 장미, 철쭉, 무궁화, 개나리, 영춘화, 능소화, 등나무, 담쟁이, 노박덩굴, 송악…
숙근초	샤스타데이지, 국화, 리아트리스, 에키네시아, 플록스, 백합, 나리, 아이리스…
구근류	아마릴리스, 알리움, 구근아이리스, 히아신스, 무스카리, 수선화, 튤립, 다알리아, 글라디올러스, 크로커스, 프리지아, 아네모네, 구근베고니아, 시클라멘, 러넌큘러스…
선인장과 다육식물	게발선인장, 공작선인장, 칼랑코에, 돌나물, 붉은 세덤, 용설란, 알로에…
난초과 식물	심비디움, 덴파레, 호접란, 카틀레야, 온시디움, 팔레놉시스, 춘란, 한란, 혜란, 새우란, 풍란, 대엽풍란, 복주머니란, 해오라비란…
관엽식물	고무나무, 남천, 아디안텀, 벤자민고무나무, 크로톤, 파키라, 호야, 꽃양배추, 무늬호스타류, 코레우스, 휴체라, 무늬개나리, 무늬사철나무, 무늬억새류…
수생식물	창포, 붓꽃, 토란, 약모밀, 연꽃, 수련, 가래, 부레옥잠, 부들, 검정말, 붕어마름…

화훼 원예학적 분류

이에 속합니다. 추파류는 9, 10월에 파종하며 가을, 겨울에 생장해 이듬해 꽃을 피우는데요. 저온 시기를 거쳐야 하는 페튜니아, 데이지, 금잔화, 수레국화, 캘리포니아포피, 오리엔탈 양귀비, 꽃도라지, 팬지 등이 있습니다.

2년초는 추파 1년초로 유묘기*가 깁니다. 춘화처리를 거쳐 개화하는 데 1년 이상 생육되는 종류죠. 패랭이, 초롱꽃, 디기탈리스 등이 있답니다.

숙근초(여러해살이)는 여러 해를 거듭 월동하며 뿌리가 살아 포기번식과 종자를 맺는 초본, 목질화되는 목본류가 있습니다. 정원 식재의 70% 이상을 숙근초로 배치하지요. 숙근초의 비율이 높으면 시간이 지날수록 가득 차고 튼튼한 정원이 되며 30% 정도는 1, 2년초를 배치하면 화려하고 다채로운 식재를 즐길 수 있답니다.

숙근초는 지역과 기후에 따라 다르게 분류되는데, 여기서는 중부지역,

---

* 종자가 발아하여 이유기를 지나 본엽이 2~4엽 정도 출현하는 시기.

서울을 기준으로 정리해보았습니다. 남부의 마당에서 자랄 수 있는 숙근초가 중부에서는 1년초이거나, 집 안에서는 관엽식물의 성격을 가지지요.

진달래 아니냐고요? 철쭉은 진달랫과의 낙엽 활엽 관목이랍니다. 5월이 되면 산에 들에 화사하게 피어나지요.

화목류는 꽃, 열매, 잎을 관상하는 것으로 관목, 교목, 덩굴식물로 나눕니다. 교목은 2m 이상 자라는 나무로 줄기가 특징인데 잎이 명확하게 구분되며 수명이 길어요. 일반적으로 땅에서 하나의 목대가 올라와 가지가 벌어지는 형태입니다. 매화나무, 벚나무, 산딸나무, 목련나무, 배롱나무, 동백나무, 튤립나무, 단풍나무 등이 있습니다.

관목은 땅에서 여러 갈래의 나무 가지가 나오고, 2m정도까지 자라는 종으로 가지의 수명이 비교적 짧습니다. 가지치기를 할 때도 오래 묵은 가지부터 제거하지요. 명자나무, 매자나무, 조팝나무, 말채나무, 철쭉, 회양목, 수국, 장미가 관목에 속합니다. 덩굴식물로는 봄에 피는 등꽃, 여름에 한창인 능소화, 으름덩굴, 인동덩굴, 사위질빵, 다래덩굴, 담쟁이, 송악, 으아리, 노박덩굴 등이 있습니다.

선인장과 다육이, 세덤sedum류는 실내에서 대부분 다년생입니다. 바위솔 등 몇 가지 세덤류는 노지 월동이 가능한 품종으로 토심 10~15cm 정도에 심을 수 있는 지피 식물이지요. 지붕녹화를 목적으로 하거나 바위틈 등에 부착하여 키웁니다. 동서양란은 개량된 것이 많으나 주로 꽃꽂이나 실내에 활용하며 마당 정원에서는 란의 느낌이 나는 아이리스류, 스텔라 같은 원추리, 붓꽃류와 동자꽃, 범부채 등을 활용합니다.

관엽식물은 대부분 온실식물에 속하는 것으로 꽃과 줄기와 잎이 아름다운 초본류부터 음지에서 생육이 강하고 휴면이 없는 다년생 목본류까지 다양합니다. 주로 열대, 아열대식물로 실내에서 관상 가치가 높아 관엽식물, 실내식물이라고 부르지요. 대나무류, 고사리류, 야자류, 식충식물도 이에 속합니다. 대나무류는 왕대, 맹종죽, 오죽 등 1,200여 종이 넘으며 관음죽, 당종려, 아레카야자, 피닉스야자 등 야자류도 3,000종이 넘지요. 보스톤고사리, 박쥐란, 프테리스, 아리안텀, 큰고사리, 일색고사리, 도깨비고사리 등의 고사리류도 9,000종이 넘는다고 하니 이름을 다 외우지도 못하겠어요. 영국에서 본 은빛과 붉은빛이 도는 고사리도 생각나네요. 고사리는 잎이 부드럽고 다양하며 매혹적입니다. 정원 그늘에 심어두고 잎의 질감과 컬러를 즐길 수 있는 멋진 식재죠. 꽃이 없기 때문에 온화식물이라고도 한답니다.

봄에 심는 구근 (여름에 꽃 피는 종류)	가을에 심는 구근 (봄에 꽃 피는 종류)
글라디올러스, 칸나, 토란, 다알리아	튤립, 수선화, 무스카리, 알리움, 크로커스, 아이리스, 리아트르 스, 백합, 히아신스

계절별 구근 분류

구근류는 숙근초의 특수한 형태인데요. 저온, 고온, 건조 등의 환경에 적응하기 위해 잎, 줄기, 뿌리가 비대하게 형성하여 지하에서 물과 양분을 저장하는 변태식물specialized plant의 일종이에요. 뿌리의 형태에 따라 인경과 구경, 근경, 괴근으로 분류됩니다.

구근은 봄에 심는 것과 가을에 심는 것이 다른데요. 봄에 심는

수선화 구근

구근은 온대, 아열대, 열대지방이 원산지로 봄에 생장하여 여름, 가을에 꽃을 피워요. 추식, 즉 가을에 심는 구근은 온대지방이 원산지로 겨울을 나고 봄부터 초여름에 꽃을 피웁니다.

수생식물은 잎자루와 뿌리에 통기성 조직을 갖고 있습니다. 뿌리가 물을 좋아해서 물속 토양이나 물가, 수면 위에 서식하지요. 물을 좋아해 물가에 사는 습생식물로는 붓꽃, 물망초, 부처꽃, 왕원추리, 꽃창포, 약모밀, 미나리아재비, 낙우송, 버들 등이 있습니다. 수지식물로는 깊지 않은 연못과 질퍽한 곳을 좋아하는 물옥잠, 물아카시아, 물토란, 흑토란, 부들, 물칸나, 수련, 가시연, 어리연, 연꽃류가 있어요. 물속에서 잘 자라는 침수식물로는 검정말, 물수세미, 붕어마름이 있고요. 물 위에 떠서 사는 부수식물에는 개구리밥, 마름, 부평초, 부레옥잠, 생이가래 등이 속합니다.

야생식물은 산이나 들에 자생하는 식물을 말하지만 여기서는 관상가치가 높은 초본, 목본류를 의미합니다. 자연에서 종자를 채취하여 변이나 인공교배, 자연교잡을 통해 새로운 품종을 만들기도 하죠. 1년초로 관상 가치가 있어 정원에 활용되는 것으로는 여뀌, 과꽃, 체꽃, 패랭이꽃, 앵

물망초

부평초는 개구리밥이라고도 합니다.
영어로는 'duckweed'인데 해석하면 오리밥 정도 될까요?

초류, 용담류, 노랑제비꽃, 남산제비꽃 등이 있습니다. 외래종 여뀌가 키도 크고 꽃도 큰 반면 토종 여뀌는 그보다 작고 꽃 수도 적습니다.

숙근초로는 산국, 감국, 구절초, 돌나무, 개머위, 복수초, 할미꽃, 바람꽃, 노루귀, 맥문동, 비비추, 둥글레, 돌부처, 괭이눈, 원추리, 양지꽃, 붓꽃, 동자꽃, 금낭화, 솜다리 등이 있으며 구근으로는 중나리, 털중나리, 솔나리, 하늘나리, 석산, 제주수선, 현호색 등이 있지요.

화목류로는 싸리류와 목련, 미선나무, 개나리, 수수꽃다리, 개회나무, 으아리, 산수국, 흰괴불나무, 불두화, 풀명자, 개쉬땅나무, 조팝나무, 진달래, 철쭉, 제주참꽃, 골담초, 백서향 등이 있으며 관엽수로는 팔손이, 녹나무, 후박나무, 광나무, 멀꿀나무, 다정큼나무, 우목사스레피, 후피향나무, 식나무, 구슬잣나무 등이 있고, 관실수로는 화살나무, 작살나무, 매자나무, 까마귀밥여름나무, 보리수나무, 덜꿩나무, 산달나무, 야광나무, 산사나무, 자금우, 마가목, 월귤 등이 있습니다. 덩굴나무는 앞에 열거한 종류와 섬개양광나무가 있습니다. 이외에도 많은 토종식물을 꽃집에서 살 수 있습니다.

화목류에는 반입식물이라고 하는 무늬종이 있습니다. 잎이나 꽃의 색이 두 가지 이상 혼합된 것으로 염록소가 부족하거나 색소 변형으로 나타나는 특성인데요. 거의 모든 화목류에서 나타납니다. 병꽃도 황금무늬, 흰줄과 섞인 것, 자주색 잎을 가진 것 등 다양하고, 자작나무와 자두나무도 붉은 잎이 있으며, 삼색버들, 무늬붓꽃 등 헤아릴 수 없이 많습니다.

화단에서 색상은 중요한 식재 배색 원리로 강조됩니다. 꽃의 색도 중요하지만 잎이나 나무의 수피 색상과 잎의 모양, 질감까지 고려해야 하지요.

왜성식물은 유전적 생장 호르몬을 억제시켜 작게 키운 식물을 말합니다. 자연 상태에서는 크게 자라는 식물을 반도 안 되는 크기로 키우는 거죠. 이런 방법으로 재배를 하면 유통 과정에서 물류비를 절감할 수 있고, 화분이나 좁은 공간에서 식물을 키우기 적합하다는 장점이 있습니다. 다만 약품을 이용해 작게 키운 왜성종의 화기(개화 기간)는 아무래도 짧습니다. 화분에서 왜성종으로 키운 루피너스가 30cm가 좀 넘는 크기라면 마당에서 키운 루피너스는 1m정도 자라 풍성하고 건강미가 넘치지요.

요즘에는 조경작업을 할 때 씨앗을 파종하지 않고, 포트나 화분에서 개화를 앞둔 식물을 옮겨 심습니다. 그러다 보니 왜성종을 심으면 올해는 크기가 작아 앞줄에 심더라도 내년엔 큰 키로 자라나 식재 의도를 살리는데 저해되기도 하지요. 미니종으로 개량해 이듬해에도 작은 경우가 있는가 하면 처리한 약품의 기운이 떨어지면 본연의 특성에 맞게 자라는 경우도 있습니다. 당연히 덜 건강하고요.

이 외에도 식충식물, 귀화식물 등 다양한 분류가 있습니다. 이렇게 지구상에는 수많은 식물이 있고, 그중에서도 사람에게 발탁된 원예종은 그수를 헤아릴 수 없습니다. 눈에 보이지 않는 많은 사람들의 노고 덕분이지요. 식물을 연구하고 개량하는 사람들, 그것을 파는 사람들, 그것을 사다 심는 사람들, 즐기는 사람들… 역할에 따른 이 순환의 연결고리가 튼튼해지길 바랍니다.

우리나라는 봄, 여름, 가을, 겨울, 사계가 분명하다는 특징이 있습니다. 하지만 그만큼 꽃을 볼 수 있는 기간이 짧아요. 게다가 12개월을 딱 4계절로 나누면 각 계절별로 3달을 나눠 갖지만 사실 우리나라는 겨울이 꽤 길답니다. 11월부터 3월 초까지 대개 5~6개월 정도를 겨울로 볼 수 있으며 특히 혹한기에는 중부지역의 온도가 영하 15~18도로 내한 경계선보다 내려가기도 해요. 한여름에는 가뭄이거나 6월부터 집중호우가 내려 우기라는 말이 어색하지 않을 정도고요. 엄청난 습도에 30도를 넘는 폭염으로 상추를 비롯한 채소, 꽃들은 녹아내리고 고개를 들기도 힘듭니다. 덕분에 채소 가격이 폭등하기도 하지요.

유럽에서 아름다운 잉글리쉬 라벤더 밭을 본 사람들은 우리나라에 유행하는 테마파크인 프로방스, 지중해식 마을을 중심으로 빽빽이 수놓인 라벤더 허브 꽃밭을 만들고 싶어 합니다. 하지만 현재의 원예기술로는 월동과 집중 호우에 식물이 녹아내리는 것에 대한 대안이 없습니다. 있다고 해도 유지 관리의 대가가 커서 쉽게 펼치지 못하지요.

이른 봄, 정원에서 필 수 있는 우리 꽃의 수는 적습니다. 복수초, 깽깽이풀, 제비꽃, 앵초, 동의나물 같은 꽃은 은은하면서 꽃망울의 크기가 작고, 키도 작아 시선을 끌지 못하므로 자연스럽게 우리는 튤립, 수선화, 무스카리 등 외래종에 눈을 돌립니다. 외래종, 토종의 문제를 떠나 얼마나 많은 것을 국내화해서 보유하느냐가 중요하므로 토종이든 아니든 우리 지역에 맞는 원예종으로 개발하는 작업이 활발해지기를 기대해봅니다.

가을, 겨울에 이르면 정원은 휴면 상태에 들어갑니다. 마치 죽은 듯 고요한 나날이 지속되지요. 휑하니 지나가는 찬바람에 썰렁한 느낌이 더해집니다. 그렇다고 겨울 정원에 볼 게 하나도 없다는 뜻은 아닙니다. 가든 디자이너는 정원이 사계절 내내 아름다울 수 있도록 봄에 피는 꽃, 여름에 피는 꽃, 가을, 겨울을 고려한 식재나 재미와 멋을 주는 조형물 등을 설치해 겨울에도 정원을 즐길 수 있도록 공간에 대한 계획을 수립해야 해요. 계절별 숙근초와 교·관목, 상록을 배치해 정원에 볼륨감을 주고, 수피(나무껍질)가 아름다운 나무들로 겨울에도 멋이 돋보이도록 디자인합니다. 상록의 나무들도 은색, 녹색, 갈색 등 색상이 다양합니다. 연필향나무 혹은 블루버드, 황금색을 갖는 나무로는 황금측백, 황금에메랄드, 황금주목 등이 있어요. 종류도 다양한 상록의 색감이 겨울 정원의 볼거리입니다. 정원 식

상록수라 해서 다 같은 초록색이 아니랍니다. 잎과 수피 색상을 고려해 식재하면 겨울에도 아름다운 정원을 볼 수 있어요.

물 디자인은 위에서 언급된 환경에 맞게, 식물별 특성을 파악하여 적합한 환경을 만들어주어야 합니다. 그것은 가든 디자인이 표피적인 일이 아니라는 걸 뜻해요. 벽지만 그럴싸하게 바르는 일이 아니라 토양과 자연환경, 식물의 성격, 사람이 가진 생활환경까지 고려하여 골격을 이루고 그 위에 다양한 종류의 식물을 적합하게 배치하는 일이 가든 디자인입니다.

식물의 생태에 있어 시기별로 가지치기를 해주는 것도 중요합니다. 가지치기를 잔인한 짓이라 여기는 사람도 많습니다. 그러나 가지치기는 수목의 통풍과 채광을 높여주며 병충해로부터 강해지게 하여 수목이 건강하게 자라는 데 도움이 되지요. 웃자란 가지나 안으로 자라는 가지를 잘라 나무가 엉기지 않게 하는 효과도 있고요. 또 작은 정원에서는 수목을 원하는 수형과 크기로 키우는 것도 중요합니다. 철쭉이나 이른 봄에 피는 꽃나무, 수국 등은 꽃이 지고 새로 자란 줄기에서 나온 꽃눈이 겨울 추위를 겪어야 이른 봄에 꽃을 피우기 때문에 전정 시기 또한 매우 중요합니다. 이런 종류는 6월 이전까지 전지해줍니다. 저온발아 기간을 거쳐야 하는 종류지요. 이른 봄에 난 새순에서 꽃이 피는 나무는 배롱나무, 나무수

국, 여름수국 등으로 이른 봄 잎이 나기 전에 전정을 해도 괜찮습니다.

계절별 개화 시기

꽃과 수목은 철따라 제각각 피어 제 소임을 다합니다. 사람들은 계절별로 피어나는 식물을 즐기면 되지요. 아래 표를 보면 가을, 겨울에 피는 교관목 수가 적고, 겨울에 피는 초화가 없는데 겨울에는 어떻게 하냐고요? 이때는 정원에 잎의 컬러를 꽃처럼 즐기는 단풍이 고운 나무들과 화살나무, 남천, 가막살나무, 작살나무, 낙상홍처럼 열매를 즐기는 나무를 심어주면 됩니다. 겨울에는 상록활엽, 침엽을 이용하고, 수피의 색상이 화사한 말채류, 황금회화나무 등을 활용할 수 있죠. 서리와 눈이 내린 수목 초화를 즐기는 것 역시 겨울 정원의 매력입니다. 여기까지 식물의 분류를 통한 특징을 알아보았는데요, 이제 생육을 좋게 해줄 토양에 대해 이야기해보죠.

계절	봄(3, 4, 5)	여름(6, 7, 8)	가을(9, 10, 11)	겨울(12, 1, 2)
교관목	벚꽃, 매화, 복숭아, 매자, 배 유실수류, 히어리, 황매, 산수유, 명자, 조팝, 목단, 생강나무, 병아리꽃, 빈도리, 발발도리, 등나무, 사계장미…	회화나무, 모감주, 배롱나무, 무궁화, 나무수국, 여름수국, 능소화, 사위질빵, 사계장미…	배롱나무, 무궁화, 사계장미, 금목서, 은목서…	(남부지역) 동백나무, 매화, 백서향(천리향)…
초화	금낭화, 매발톱, 뱀무, 작약 노루오줌, 샤스타데이지…	호스타, 부처꽃, 후룩스, 삼잎국화, 리아트리스, 에키네시아, 루피너스, 벨가못(모나르다), 델피늄, 디기탈리스, 도라지, 범부채, 가우라, 부용, 니포피아…	국화, 용담, 가우라, 벌개디취, 쑥부쟁이, 해국, 두메부추, 억새, 아스타, 층꽃, 루드베키아…	(남부지역) 한란, 수선화, 복수초, 유채꽃, 깽깽이풀…

개절별 개화 시기

자연을 고려하는 정원 디자인

흙의 성질을 이용하다

자연적으로 낙엽이 쌓여 만들어지는 퇴적층은 오랜 시간을 두고 조금씩 형성됩니다. 하지만 인공으로 만드는 부엽토*는 1년 정도 묵으면 질 좋은 부엽토가 되죠. 퇴비장에 넣어 발효균을 넣거나, 뒤집어주면 더 빠르게 퇴비가 됩니다.

그런데 전문가들이 흔히 말하는 최적의 토양은 어떤 토양일까요? 첫째는 보습력과 보비력**, 배수성, 통기성이 좋고 물 확산 능력이 높은 토양을 말합니다. 부엽토는 양분과 물을 잘 잡고 있으면서 지온***을 보존하여 생물의 생육을 촉진하는데요. 이런 자연적인 부엽토 성분이 많은 곳이 식물 생육에 좋은 토양입니다. 그러나 택지를 만들 때 자연 표층토를 깎아내고

---

* 풀이나 낙엽 따위가 썩어서 된 흙. 원예에 주로 사용한다.

** 거름기를 오래 지속할 수 있는 땅의 능력.

*** 땅의 겉면이나 땅속의 온도.

건축물의 기초를 앉히기 때문에 부엽토층은 사라지고 말아요.

전부 같은 땅이고, 흙처럼 보이지만 우리나라 국토만 해도 지역마다 다른 토질로 구성되어 있습니다. 예를 들어 사천지역은 잘 깨지는 암석과 물을 뿌려도 흡수가 더디고 찰떡이나 돌처럼 굳는 황토가 많습니다. 배수가 안 되는 질편한 진흙층도 좋지 않은 토질입니다. 상대적으로 배수가 잘 되는 이천지역의 마사토는 양질의 토양을 기반으로 하지요.

마사토는 (사)양토와 점질토 등으로 구분되며 입자와 점성이 다릅니다. 정원의 땅을 조성할 때는 먼저 배수가 잘 되도록 마사토를 깔고 그 위에 부엽토와 보습력이 좋은 피트모스를 깔지요. 필요에 따라 완전히 숙성된 가축의 분뇨를 섞어 양분을 공급하기도 합니다. 아직 덜 숙성된 퇴비는 흙과 섞어 10일 정도 방치하여 가스가 날아가고 숙성되도록 두었다가 식물을 심지요. 식물을 바로 심어버리면 땅속에서 가축 분뇨의 발효가스가 열과 함께 방출되어 식물이 누렇게 떠서 죽을 수도 있거든요.

둘째는 토양의 산도입니다. 산도는 산성, 중성, 알칼리성을 말하는데요. 산성 토양은 미생물의 발육을 억제하여 식물의 뿌리가 발달하지 못하게 하고 토양을 척박하게 만듭니다. 다만 특별히 산성 토양에서 잘 자라는 식물도 있어요. 블루베리나 철쭉, 아게라텀, 은방울꽃처럼 말이죠.

대개 식물은 산도 PH 5.5~7.0 정도의 중성 토양에서 잘 자랍니다. 간척지와 석회암 지역은 보통 중성 혹은 알칼리성 토양인데요. 벼나 담배, 시금치, 독일붓꽃, 제라늄, 선인장 등 다육식물, 금잔화 등이 적당합니다.

인공 토양으로 구분하지만 천연재료인 피트모스는 억새와 갈대가 오랜 시간 늪지에 퇴적층을 이루어 분해되지 않고 탄화된 토양입니다. 아한대나 한대지방에 피트모스벨트로 형성되지요. 국내 수입품은 주로 캐나다, 독일 지역의 피트모스입니다.

코코피트는 코코넛의 섬유질을 잘게 부순 것인데요. 완전 발효되지 않아 가스가 발생할 우려가 있지만 우리나라에서는 모종을 키우는 흙으로 많이 사용합니다. 코코피트가 담긴 화분에서 자란 식물은 분갈이를 해 주어야 해요. 잔뿌리가 나는 데는 효과적이지만 큰 뿌리에는 영양분 공급력이 떨어지고 생육 조건이 많이 부족해서 식물을 보고 즐기는 시간이 짧거든요.

펄라이트는 진주암이란 돌가루를 1000~1400도의 고온에서 튀겨 만든 토양으로 표면에 작은 구멍이 많아 수분 흡수율이 높답니다. 무게가 가벼운 경량토로 옥상 정원에서 하중을 줄이는 토양으로 사용되죠. 희고 눈부신 데다가 돌가루이기 때문에 다룰 때 주의를 기울여야 합니다. 펄라이트 역시 다른 성분의 부엽토나 퇴비를 함께 섞어서 사용하는 것이 바람직하고요.

펄라이트

그 외에도 질석과 난석 등이 있습니다. 요즘에는 중국에서 수입한 현무암 화산송이를 물 빠짐이 좋아야 하는 난화분이나 실내정원 분식 밑에 두기도 해요. 흙과 섞어 사용하고 장식하는 용도로 쓰이죠. 테라리엄*을 만드는 데 사용하는 인공토로 컬러모래 같은 흙이 유행처럼 돌다 사라지기도 합니다. 특수 토양도 있고요. 자, 그럼 흙을 만들었으니 식물 계획, 식재 디자인을 해봅시다.

---

* 원예에서 밀폐된 유리그릇이나 아가리가 작은 유리병 따위의 안에서 작은 식물을 재배하는 방법. 또는 그 유리그릇.

식재 디자인

식재 디자인은 정원에 들어가는 교목과 관목, 초화류를 좀 더 조화롭고 아름답게 심기 위해 계획을 세우고 그림이나 표시, 표기로 나타내는 단계입니다. 식재 디자인에서 우선 고려되어야 할 내용은 공간의 목적에 맞는 식재 스타일을 정하는 것입니다. 그다음에 기후와 환경을 고려하면서 4계절 정원의

식재 디자인 예시

모습을 예측해보는 거죠. 식물의 컬러감, 질감, 키, 잎과 줄기 모양을 헤아려 식물을 선택하고 배치합니다. 디자인을 할 때드 심는 순서와 같이 큰 나무 교목부터 다음 관목, 다음 초화 순으로 그립니다. 식물은 침엽수나 활엽수 같은 언어처럼 분류별로 약속된 심벌symbol이 있습니다. 도면 축적비율(ex. 20:1, 100:1)을 자유롭게 정하고 난 후에 나무 규격도 심벌의 크기를 도면과 동일한 비율로 줄여 배치도를 그리지요. 이름과 사진을 넣고 학명이나 일반 명을 적은 뒤 규격과 수량을 표시합니다. 연중 개화시기를 도표로 만들거나 정원에 피는 꽃의 색상을 정리하기도 하고요. 봄에 어떤 색의 꽃이 피는지 알고, 무슨 색 꽃으로 포인트를 줄지를 결정하는 것도 디자인입니다.

디자인과 자연의 조화

프랑스 저널리스트이며 정원 애호가인 자크 브누아 메샹Jacques benoist-mechin이 그의 책에서 주장한 정원에 대한 관점을 들어봅시다. 그는 정원

형식 중 정형적이면서 인간의 개입이 명확한 스타일들은 미학적 개념에서 가치가 있다고 말합니다. 하지만 자연과 너무 닮은 형태인 풍경식 정원과 우리나라의 자연식 정원은 미학적 입장에서 "정원이 자연을 지나치게 모방하여 정원 예술로서의 가치를 지니지 못한다"라고 주장합니다. 디자인이란 결국 인간의 목적에 따른 의도가 반영된 것인데, 그의 말에 따르면 이 의도는 자연과 대립되는 인공미에만 있는 것으로 풍경식·자연식 정원은 그저 있는 그대로의 풍경처럼 자연을 흉내 낸 것에 지나지 않다는 뜻으로 평가절하된 것이죠.

피카소는 "훌륭한 예술가는 모방하고 위대한 예술가는 훔쳐온다"는 말을 했습니다. "모방 없는 창조는 없다"는 명언도 있죠. 메상의 주장과는 반대되는 입장입니다. 여기서 피카소가 말한 '훔쳐온다'의 의미는 좀 더 높은 차원에서 이해할 필요가 있습니다. 겉핥기식으로 남의 것을 베끼기만 하는 게 아니라 그 안에 담긴 이치와 원리, 사상과 영혼까지 이해하고 가져온다는 의미니까요. 자, 메상의 관점을 다시 한 번 생각해봅시다.

포멀 정원 스타일은 자연을 통제하고 식물을 제어하는 방식입니다. 이러한 방식이 인간적이지 못하다는 이유에서 풍경식 정원이 발달했다고 하는데, 이 또한 개인적인 선호도에 따른 설익은 판단이 아닐까요? 풍경식 정원도 고도의 계산으로 이루어집니다. 인간이 이해할 수 있는 한 자연적이며 지역적 특징을 살리려고 하지요. 그림처럼 이상적인 정원을 만들기 위해 인공 호수, 다리, 구조물, 조형물 들을 자연의 본질에 가깝게 표현하려 애쓴 것이 풍경식 정원입니다.

풍경식 정원은 정형식 정원이 보여주지 못하는 자연스러움을 표현합니다. 예를 들어 풍경식 정원의 호수는 물의 잔물결과 햇빛에 반사되는 물

살, 풍경이 투영된 물그림자, 원앙이나 백조, 물고기와 뱃놀이를 위한 쪽배가 잘 어우러집니다. 반면 포멀 정원의 호수에는 화려한 조각상의 분수와 폭포, 장엄한 계단식 폭포, 원형 혹은 사각의 단정한 연못이 있고 이끼가 끼는 것조차 허용되지 않습니다. 정형식 정원의 물은 권위, 권력, 위엄, 힘, 기술력, 부를 상징하는 셈이죠. 이곳에는 백조보다 광장에서 푸드득 날아오르는 비둘기 떼가 더 어울립니다.

사실 이 또한 메샹의 관점에 반대하기 위한 반대일 수도 있어요. 모든 것은 관점과 기호의 차이입니다. 다만 메샹의 관점은 지나치게 편협하지 않나 합니다. 어떤 스타일이든, 공간을 기하학적인 구조로 나누든, 지형을 따라 자연스럽게 나누든, 공간별 멋과 식재 배치는 디자인이며 계획입니다. 화장을 할 때도 "나 화장했다!" 광고하듯 쎈 화장보다 맨얼굴처럼 보이는 화장법이 더 어렵듯이 자연미를 살리는 것이야말로 어쩌면 더 대단한 일일지도 몰라요. 우리나라 사람들은 대개 정형적인 공간을 낯설어 합니다. 익숙하지 않은 탓도 있고, 각자의 선입견과 기호가 반영되었기 때문이겠죠. 그러므로 디자인과 자연의 조화를 생각할 때에는 가장 먼저 자연과 정원의 개념을 명확하게 짚어볼 필요가 있습니다. 자연은 무엇인지, 정원은 인공적으로 만든 자연인지, 자연을 모방한 것인지, 자연의 일부를 재료로 이용한 것인지 말입니다. 물론 여러분 각자가 정원에 담고자 하는 게 무엇인지가 그 답이 되겠지요.

현대 사회에서는 한적한 마을이나 농촌은 물론 인간이 창조해 사회생활을 해나가는 도시, 공장, 항구, 고속도로, 수로, 고압선, 비행기가 다니는 항로까지 자연이며 풍경이 될 수 있다고 봅니다. 그렇기 때문에 인간의 손이 닿지 않은 원시림적 낙원을 꿈꾸기도 합니다. 하지만 그러한 자연은 인간이 편히 쉬기엔 적합하지 않을 뿐더러, 포식자들이 도사리고 있기에 사람들이 추구하는 낙원과는 또 거리가 멀어요. 이것 참 딜레마입니다.

아무튼 인간은 안전하고 안락하며 편하면서 아름다운 것이 가까이에 있기를 소망합니다. 그런 공간이 관리하기도 쉬우면 금상첨화고요. 즉 인간의 필요에 의해 디자인이 탄생했다고 해도 틀리지 않습니다.

우리는 도시에서도 전원을 꿈꾸지만 뱀이 나올까봐 개비온gabion*으로 담이나 축대를 쌓지 못합니다. 연못도 뱀을 부른다며 만들지 않는 경우가 있지요. 이때 뱀을 막고 야생동물로부터 보호 받을 울타리를 고려하는 것도 디자인입니다. 주변 환경과 어울리는 건물이나 정원의 외관을 갖는 것도 디자인이지요. 디자인에는 가족의 삶과 라이프스타일도 담습니다. 신토불이라는 말처럼 그곳에서 나는 재료로 건물을 짓거나 정원을 만들면 주변과 조화를 이룸과 동시에 물류비 등 경비도 절약할 수 있어요. 디자인은 주변과 자연스레 어우러질 때 가장 편안하고 아름다워집니다.

낙원읍성과 마을이 돌담으로 어울리는 것은 그곳에 돌이 많기 때문입니다.

---

* 철사로 엮은 망태 안에 돌을 채워 만든 구조물.

물론 예외도 있습니다. 다른 지역에서 인력과 재료를 조달해 당시 기술로 만들었다는 게 믿기지 않을 정도로 아름다운 인도의 타지마할처럼 말이죠. 주변 경치와는 어울리지 않는 우윳빛 돌로 지어졌지만 타지마할은 우리에게 감동과 놀라움을 주잖아요. 디자인엔 보편적인 원리는 있으나 반드시 그래야 하는 '원칙'은 없습니다. 예외적인 멋, 목적과 의도를 가지고 자기만의 독창성을 녹여 그 공간만의 차별성을 창조적으로 디자인하는 것이 예술이니까요.

지금까지 원론적인 이야기를 했다면 이제 자연환경을 디자인으로 극복하는 기법으로 넘어갈게요. 디자인을 지형과 기후조건에 최대한 맞춰나가는 건데요. 풍경식 정원에 사용하는 하하Ha-Ha* 기법은 시선 차단 및 인위적 가림막의 경계와 울타리를 해저라는 우묵한 수로 같이 파인 땅속으로 넣어 경계와 시선을 막지 않는 두 가지 목적을 이루는 디자인입니다. 바람이 센 곳에는 펜스나 산울타리로 바람막이를 하거나 바람의 속도와 양을 조절할 수도 있지요. 시선 차단이 필요한 곳도 구조물이나 식물을 이용해 원하는 목적을 이룰 수 있습니다.

추위에 불안정한 식물을 사용하고 싶을 때는 햇살이 잘 드는 곳이나 미기후**를 조절하는 것도 디자인입니다. 햇빛이 강한 곳에는 큰 나무를 심어 그늘을 드리워주고, 그늘진 곳에는 그곳에 맞는 식물을 심거나 가지치기를 하는 등 가리는 조건을 없애고, 또 나무를 이식할 수도 있겠죠. 습기가 과한 곳은 암거 배수***나 자연 구배勾配 배수를 합니다. 토양을 개량하

---

* 외부로부터 경계를 만들되 내부에서는 그 경계가 보이지 않도록 하는 울타리 기법이다.
** 지면에 접한 대기층의 기후로 보통 지면에서 1.5m 높이 정도까지를 그 대상으로 한다. 농작물의 생장과 밀접한 관계가 있다.
*** 땅속이나 지표에 넘쳐 있는 물을 지하에 매설한 관로나 투수성의 수로를 이용하여 배수하는 방법. 주로 농지의 관개 배수를 할 때 실시하며, 도로·운동장·비행장 따위에서도 실시한다.

거나 습지의 성격을 더 강화하여 아름다운 습지로 만드는 것도 디자인의 임무입니다. 자갈이나 돌이 많아 토양 교체가 불가능하면 락rock 가든으로 디자인할 수 있고요. 문제가 발견되었을 때 이를 해결하는 방식에 미적인 부분까지 담아내는 것이 진정한 디자인입니다.

정원을 가꾸는 일

정원이나 수목원 즐기기

유홍준 교수는 "아는 만큼 보인다"고 했습니다. 미켈란젤로는 "아는 만큼 사랑한다" 말했고요. 이 말은 진리입니다. 사람의 내면은 어린 시절 추억이나 배경지식, 자극받은 사건에 따라 형성되고, 그에 따라 보는 것과 느끼는 게 달라지게 마련입니다. 디자인이나 식물을 볼 때도 선입견이나 견해, 감성에 따라 느끼고 즐기는 정도에 차이가 있고요. 그러니 여러분, 많이 경험하고 순간순간 느끼는 감정을 풍부하게 표현해보세요. "아주 좋아", "별로야", "예쁘다", "이 꽃과 이 꽃이 함께 있으니 더 조화롭네", "편하네"라는 느낌을 구체화해보는 것도 좋습니다. 왜 좋은 느낌이 드는지, 무엇이 여러분을 이끄는지 깊이 생각해보는 거죠.

　수목원이나 정원은 저마다 디자인과 콘셉트가 있으며 부단한 노력이 축적된 산물입니다. 다양한 정원의 콘셉트를 비교해보고 다른 곳과 무엇이 어떻게 다른지 비교해보세요. '이 정원에는 있는데 다른 곳에는 없는 것은?, 왜 없을까?' 머릿속에서 나름대로 질문과 대답을 이어보는 겁니다. 미술관에 갈 때도 마찬가지예요. 작품의 시대적 특징, 작가의 의도를 짚어보는 것이 공부가 된답니다.

그냥 아름다운 풍경을 보듯, 단순 감흥으로 보고 즐기는 것도 좋습니다. 많이, 자주 보다 보면 어느 정도 시기가 지난 후 저절로 눈이 높아지고 원리를 터득하게 될 거예요. 정원에서만큼은 생각을 비우고 느리게, 바보같이 누려볼 것을 추천합니다.

백 권의 책을 읽는 것과 한 권의 책을 100번 보는 것을 다르지요. 백 권의 책을 읽으면 잡학다식해지고, 한 권을 백 번 읽으면 책을 쓴 이의 영혼까지 읽게 됩니다. 어느 방법이든 결국엔 원리를 터득하게 되어 있어요. 넓이와 깊이의 차이가 있을 뿐. 누리고 즐기는 방법에 다름은 있지만 옳고 그름과 나쁘고 좋은 것은 없습니다.

내 집 정원을 꾸미다

햇살 아래서 흙을 만지며 수고로운 노동을 하는 사람들은 어쩌면 마음한 구석이 외롭거나 아픈지도 모릅니다. 외롭고 힘든 그가 마음을 다해 열정을 쏟을 수 있는 대상이 정원인 것이죠. 자기 정원을 갖길 원하는 사람은 정원과 관련된 어릴 적 기억이 조금이라도 마음에 남아 있을 것입니다. 그래서 언젠가는 나만의 정원을 갖겠다는 꿈을 꾸고 작은 화분에라도 꽃을 키우죠.

사실 정원을 가꾸는 일이 마냥 아름답지만은 않습니다. 예쁘고 좋은 것을 보기 위해 쪼그리고 앉아 풀을 뽑고, 삽을 들고 흙을 뒤집어 부엽토와 섞어주는 힘든 일도 해야 해요. 계분, 즉 닭똥도 땅에 섞는다고 맨손으로 만지고, 냄새를 맡아 숙성 여부를 가리기도 하지요. 요즘은 비료가 좋아 인분이나 소변을 주지는 않지만 그 밖에 이런저런 지저분하거나 성가신 일이 많습니다.

그렇다고 아름다운 정원 즐기기를 포기할까요? 구더기 무서워 장 못 담근다고 이런 저런 성가신 일이 싫어 "난 정원이 없는 아파트도 괜찮아!" 하는 사람도 있겠지요. 하지만 정원을 즐기는 사람들은 마치 강아지를 키우는 것처럼 먹이고, 입히고, 병에 면역이 생기도록 돌보며 점점 생기를 찾고 아름답게 피어나는 정원에 보람을 느낍니다. 돌본 만큼 정원은 아름다워집니다. 사람들은 그 아름다운 만족감에 중독되는 것이죠.

> 장미에는 골분이라는 가축의 뼈 가루를 넣어주기도 합니다. 색상을 살리고 꽃도 많이 피우게 하는 영양제지요. 유박(油粕)이라는 깻묵성분을 거름으로 주기도 합니다.

아마 타샤 튜더도 40대부터 정원에 중독되어 97세까지 애써 돌보고 즐겼을 겁니다. 재미있는 점은 가드너들 중에는 장수한 사람이 많다는 건데요. 나이 들어서도 적당한 노동은 생의 에너지가 됨을 증명하는 게 아닐까요? 또 정원은 완성이 없는 진행형입니다. 그런지라 타샤도 눈을 감으면서도 정원의 꽃, 기르는 동물들에게 해주어야 할 것들과 본인이 생각한 일들을 마지막까지 챙겼을 거예요.

정원을 가꾸는 것은 이웃과의 관계도 배려하는 일입니다. 도심 속 정원은 높은 담으로 둘러져 있다가 계획도시가 되면서 단독주택 택지의 담을 낮추고 산울타리나 개방형으로 바뀌는 추세인데요. 아름다운 경관을 함께 즐기고, 마을 사람들 간의 원활한 소통을 염두에 둔 처사겠지요. 막고 가린다고 큰 나무를 심어 다른 집의 채광을 막거나 풍경을 가리는 것도 배재해야 할 측면입니다.

무엇을 심던지 자신만의 스타일로 즐기는 것도 정원의 맛입니다. 목적이야 사람마다 다양하겠지만 정원은 자기만의 창조성을 살릴 수 있는 공간이에요. 즉, 정원을 가꾸는 일은 자기만의 세계를 갖는 일이지요. 크진 않더라도, 작은 화분에 미니어처로 비밀의 정원을 만들 수도 있습니다.

함께 작업하는 사람들

아산 퍼스트빌리지 프로방스 정원을 만들 때입니다. 그곳 담당자가 말하길, "벤처기업을 만들어야 해요". 그 정도로 정원을 만드는 현장에는 각 분야별 기술자들이 모여 복잡다단한 공정을 해냅니다. 이 작업에서는 먼저 아스팔트가 깔린 도로를 걷어냈어요. 다양한 수공간을 갖춘 정원을 만들기 위해 일단 도시가스공사에 신고하고 배관을 피해 철거를 했지요. 철거할 때는 포클레인이 출동해 아스팔트를 깨고 25t 트럭으로 마사토를 실어다 날랐습니다. 경사지를 평토로 만들기 위해 엄청난 양의 토양을 실어다 지형을 만들었지요. 그다음 콘크리트 거푸집을 짓고, 구조물을 만들고, 폭포와 분수를 만들 조적을 하고, 계단과 석축을 쌓은 다음 장미 트렐리스를 철로 용접해 아치형 터널을 만들었어요. 그리고 조명이 들어갈 배선, 수도 배관을 하고 판석을 놓고, 조형물을 보강하고, 토양을 식재 성격에 맞게 만들어 식재를 해서 마무리합니다.

이처럼 시공 과정에는 여러 전문가가 참여합니다. 영화관에서 영화를 보고 나면 엔딩 크레디트가 올라가는데요. 정원 시공에 참여한 사람들의 역할과 이름으로 크레디트로 만들면 한참을 올라갈 겁니다. 시나리오 김OO, 각본 강혜주, 총감독 OOO…, 이런 식으로 말이죠.

퍼스트 빌리지 뒤편에 심은 25점이 넘는 커다란 포플러 나무와 버드나무, 근처 피나클랜드에서 기증해준 초록색 수피를 자랑하는 벽오동 3주를 이식하는 일도 포클레인과 그 분야의 베테랑인 분들이 있었기에 가능했습니다. 먼저 뿌리 돌림*을 해서 옮기고, 다시 T/R율(뿌리분 크기와 줄기 잎의 비율)을 고려해 잘린 뿌리만큼 줄기를 잘랐습니다. 그다음 가지치기를 해서 수형을 잡고는 물죽을 쑤어 심고, 물집을 잡고 지줏대를 설치했지요.

여름에 식물을 이식할 때는 수분 증발을 막기 의한 노력도 이만저만이 아니랍니다. 약재를 도포하기도 하고, 가습 스프레이, 진흙 바르기, 싸주기 등을 하지요. 이 밖에도 벽돌을 쌓거나 미장 등 힘들고 어렵고 귀찮은 일이지만 꼭 필요한 작업들이 현장에서 이루어지는데요. 이러한 일을 하는 사람들 중에는 연변에서 오신 분들도 있고, 조경 현장에 필요한 숙련된 전문가와 보조를 하시는 분들도 있습니다. 안타까운 것은 이 분들이 모두 나이가 많고, 관련 분야에 젊은 전문가들이 없다는 사실이에요.

산에서 돌을 캐는 채석장, 석축을 쌓는 분야, 목부(요즘에는 장비를 사용하지만 예전에는 '목도'라고 어깨에 바를 메서 수작업으로 나무를 들어 옮겼답니다) 등 정원 관련 직종들은 모두 「극한 직업」이라는 프로그램에 나오더군요. 얼마 전에는 같은 프로그램 촬영팀에서 한여름 주택 옥상 정원 작업을 찍을 수 있냐고 물어오기도 했습니다. 우리는 "어떻게 알았지? 한여름 옥상 조경이 극한 작업인 것을?" 하며 공감의 웃음을 지었습니다. 한여름 옥상 정원 작업은 땡볕의 백사장 위에서 작업하는 것과 같고, 한겨울 스키장 눈밭 위처럼 눈이 부시답니다. 때문에 가림막을 치고 작업을 하고, 공사 기간에 쫓기는 현장에 장마까지 겹치면 천막을 뚫어 천막 지붕에 고이는 물

---

* 수목을 이식하는 경우 활착을 돕기 위하여 사전에 뿌리를 잘라 실뿌리를 활성시키는 방법.

을 흐르게 해 천막이 무너지지 않도록 하는 노하우까지 터득하게 되죠. 그만큼 흙과 돌, 나무를 다루는 작업은 고되고 특히 한여름의 태양과 우기는 극복하는 데 많은 힘이 듭니다.

그래도 환기도 안 되는 밀폐된 공간이나 지하에서 일하는 것보다는 쾌적하다며 위안을 삼곤 합니다. 어찌 보면 맑은 공기에서 해와 바람, 비와 지내는 것은 축복인 셈이죠. 그런 생각을 하면서 이런저런 일을 극복하고 완성된 정원을 보면 기쁨이 두 배입니다. 보람과 만족감이 그 어떤 일보다 크다고 자부하지요. 겨울 혹한에도 더러 작업을 하기도 하는데, 겨울 조경 현장에서는 땅이 얼면 작업을 멈춥니다.

작은 정원을 작업할 때도 각 분야별 전문가는 큰 작업을 할 때와 마찬가지로 필요하답니다. 단지 일의 규모가 작을 뿐이에요. 그렇다고 그 많은 단계의 전문가들을 모두 부르면 비용과 작업 기간이 늘어납니다. 이때 가든 디자이너의 역할이 중요하다고 생각해요.

현장에서 일을 하면서 '가든이나 조경 관련 학과에서 디자인과 원론적인 수업 외 실무와 기술을 가르쳐 전문적인 인력을 양성하는 것도 중요하다는 것을 느꼈답니다. 목공, 철, 조적, 배관과 설비 수업을 동시에 진행하면 좋겠다고 말이죠. 물론 실무 수업을 함께 가르치는 곳도 있으나 대부분은 책상에 앉아서 하는 공부로 설계 따로, 시공 따로 배운답니다.

고양 꽃박람회 쇼 정원 학생 부문에 당선된 작품을 멘토링하는 과정에서 한 가지 놀란 부분이 있습니다. 조경학과, 원예학과를 졸업하고 대학원까지 마친 학생들이 꽃을 처음 심어본다는 사실이었어요. 또 유명한 설계 회사가 당선된 일이 있었는데 그 회사에서 시공을 처음 해본다는 사실이었죠. 가드닝은 설계와 시공을 두루 알고 재료와 식재의 변화를 익혀가며 현장에서 상황별 사례를 끝없이 접하고 배워나가야 하는 일입니다. 조경을 배웠다 하더라도 책상에 앉아 설계만 하는 경우가 다반사고, 현장 실무는 나무장사로 출발해 잔뼈가 굵은 조경 회사들의 인력으로 마무리합니다. 아이러니하게도 전공 공부를 하지 않은 현장 경력자들이 수목과 조경의 전문가들인 셈이죠. 그렇기 때문에 이론과 실무를 겸비하는 쪽으로 실습을 병행하면 가든 전문가로 성장하는 데 큰 도움이 되리라 생각합니다.

한 편의 영화가 만들어지는 과정을 생각해보세요. 주인공만 있다고 되는 게 아니라 엑스트라, 스태프, 감독, 그 외 협력하는 인원까지 몇십 명, 많게는 몇 백 명에 달하는 사람들이 관여하고 있잖아요? 그 많은 사람들이 눈에 띄지 않는 작은 일까지 맡아 처리해주는 덕에 하나의 작품이 완성됩니다. 정원도 마찬가지예요. 칭찬이나 메달은 디자이너나 총감독이 받지만 늘 함께해주는 기술진들에게 감사한 마음을 품고 있습니다. 디자인을 할 때는 기술진들에게 시공 관련해서 디자인에 손상이 가지 않는 방법을 찾아주길 주문하기도 해요. 즉, 디자이너와 현장 스태프가 서로 협력해야만 일의 효율성을 높일 수 있답니다.

> 캐나다 나이아가라 파크 안에는 영국령일 당시 세웠다는 가든 학교가 있습니다. 'ㄷ'자 모양의 아담한 단독 주택 같은 식물원이 숲속에 있지요. 이곳 학생들은 나이아가라 공원을 실습터로 이용했다고 합니다. 그런데 10년 전부터 졸업생이 없기로 유명하다기에 의아해 했더니만, 졸업하기 전에 전 세계 수목원이나 정원으로 연봉 4,000 이상을 받고 모두 취업이 되어 나간다고 하네요.

가든 디자이너로 성장하기 위해

좋아하는 일, 하고 싶은 일에 대한 열정이 있고, 잘 해내고 싶은 마음이 있다면 이미 반은 준비가 된 사람입니다. 가든을 공부하러 온 학생들 중에도 더러 '엄마나 주변 사람들이 전망 있고 좋은 직업이라고 해서', '부모님이 이 일에 종사하셔서', '성적 때문에' 등등의 이유로 등 떠밀려 온 경우가 많은데요. 이런 경우 보통 남의 신발을 신은 듯 걷기 힘들어 합니다. 주체적이지 못하면 발걸음을 내딛기가 쉽지 않습니다. 더구나 평생 할 일을 선택하는 일이잖아요. 중간에 길을 바꾸더라도 스스로 결정하는 것이 중요합니다.

어떤 전공을 선택한 사람 중 10%만이 전공 관련 직업을 갖는다고 해요. 그중 2%가 그 직업에서 두각을 나타내고요. 사람은 살아가는 동안 바람과 욕망이 계속 바뀌고, 자기도 모르던 자신의 이면을 발견하기도 합니다. 죽을 때까지 말이에요. 그러므로 여러분은 섣불리 어떤 삶을 살겠다고 규정짓거나 성급하게 틀을 만들지 않았으면 좋겠습니다.

마라톤 출발선에 섰는데 "뛸까 말까?" 뛰는 이유도 모르겠고 뛰고 싶지도 않은 사람과, 스스로 뛰어야 할 이유를 찾았고 뛸 의지가 있는 사람은 다릅니다. 여러분이 우선 할 일은 가슴 뛰는 일을 찾는 것, 가슴을 뛰게 하는 일을 배우는 겁니다.

① 실력을 갖추기 위해서는 공부를 계속 하는 수밖에 없습니다. 현장에서 배우며 이론을 익혀도 좋고, 이론을 먼저 익힌 다음 현장을 배워도 좋지요. 학위를 인정받을 수 있는 정규 대학에 진학하거나 다른 좋은 기회도 열려 있으니 전공에 연연하지는 마세요. 디자인과 미술적 안목, 식물에 대한 지식, 시공하는 방법에는 다양한 영역이 존재합니다. 그러니 필요한 것들을 하나씩 배우고 채워나가도록 하세요.

② 다른 디자이너와 차별된 개성을 갖기 위해서는 건축과 미술, 인문

학, 철학 공부를 많이 해야 합니다. 얼마나 많은 경험을 하느냐도 중요하겠죠. 미술 전시를 많이 보는 것도 좋은 방법입니다. 무료 미술 전시도 많아요. 인사동, 안국동, 서초동 등에 있는 갤러리에서 다양한 전시를 열고 모두에게 개방하고 있으니 인터넷 등으로 찾아보고 주말이 되면 나들이 겸 보러 가는 것도 추천합니다. 공연 문화도 많이 즐기고요.

다음으로 필요한 것은 습관적으로 관찰하는 태도입니다. 가능하다면 계절별로 이름난 수목원, 식물원, 정원, 공원을 가보는 것도 공부가 되지요. 정원이 외부 거실 개념인 경우도 있어서 실내 장식, 인테리어 유행을 읽는 습관도 필요하고요. 정원박람회, 건축자재박람회, 다양한 쇼 가든도 많이 접할수록 좋습니다. 자재를 많이 알면 디자인에 도움이 되거든요.

인터넷 검색을 통해서도 괜찮은 작품, 다른 사람들의 참신한 아이디어를 볼 수 있습니다. 또한 어디를 가든 영감을 주는 디자인과 시공 사례 등을 사진으로 찍어오거나 스케치로 담아두고, 스타일별 가든 이미지를 모아두는 것도 좋아요. 참고 이미지로 제시할 수도 있고, 생각의 발전에도 도움이 되거든요. 보고, 느끼고, 경험하고, 자료를 많이 만들어두는 것이 아이디어 뱅크로 가는 지름길입니다.

③ 소통 능력도 중요합니다. 팀원들과는 물론이고, 고객과 소통하면서 그들이 하는 말의 핵심을 알아채는 능력이 필요하지요. 일을 시작한 초기에 저는 볼라드*라는 말의 뜻을 몰라 메모해놓고 혼자 찾아보기도 했고, 회장님을 사장님이라고 불러 임직원들의 땀을 쏙 뺀 적도 있는데요. 회장이나 사장이나 뭐가 다른가 하겠지만 그 사회의 방식을 존중하는 존칭을 쓰지 않은 것은 실례라고 생각합니다. 미팅도 하다 보면 덜 떨리고

---

* (도로의) 차량 진입 방지용 말뚝.

요령이 생기게 마련이에요. 저는 브리핑 때 매번 천천히 하라는 충고를 듣지만 잘 고쳐지지 않아요. 미리 '천천히 하자'고 인지하면 좀 나아지는 것 같습니다.

팀원과는 디자인과 시공이 일치하도록 잘 설명해주어야 합니다. 현장에서 한순간 잘못해서 다시 일을 해야 할 경우 "데나우시났다"고 하는데, 이러면 얼마나 김이 샙니까? 진도 빠지고 시간과 돈도 낭비되고요. 이런 일이 없도록 잘 설명해야 하며, 그들의 노고에 감사하고 배려해야 합니다.

> '데나우시'라는 말의 원형은 일본말 '테나오시(てなおし)'입니다. 불완전한 곳을 고친다는 의미로, "재작업해야 한다"라던가 순우리말로 "같은 짓거리를 또 반복해야 한다"고 말하는 게 낫겠네요.

④ 판단력과 추진력도 필요합니다. 현장에서는 물론이고 디자인을 확정하기까지도 예기치 않은 상황이 벌어지거든요. 이때 디자인을 수정, 변경하게 되면 그 사실을 명확하게 결정하여 주지하도록 해야 합니다. 나무를 심거나, 돌을 놓는 일 모두 시간도 많이 들고 사람들의 수고가 이만저만이 아닌 작업이에요. 그런데 자꾸 변경하게 되면 일하시는 분들도, 나무도, 돌도 힘이 듭니다. 일의 순서를 효율적으로 정하고, 일을 진행하는 것도 추진력입니다. 작업 공정에 관련된 사람들이 "이러면 어떠냐? 저런 것은 어떠냐?"고 주장을 펼 때도 한 번쯤은 요구사항을 들어보고 생각해봐야 해요. 어느 경우엔 일리가 있고, 자신이 미처 보지 못한 것을 볼 수 있게 해주거든요. 만약 판단을 거쳐 '이건 아니다'라는 생각이 든다면 대응력 있는 설득을 하거나 밀어붙이기 위한 배짱도 필요합니다.

⑤ 소명을 찾는 것도 중요합니다. 천재 조각가이자 화가인 미켈란젤로 Michelangelo Buonarroti가 14살 때 스승 보톨도 지오바니가 묻습니다. "너는 위대한 조각가가 되기 위해 무엇이 필요하다고 생각하느냐?" 미켈란

젤로는 "제가 가지고 있는 재능과 기술을 더 닦아야지요" 하고 답합니다. "재능과 기술만으로는 안 된다. 네 기술과 재능을 어떻게 쓸 것인가를 분명히 해야 한다" 스승 지오바니는 이렇게 말하며 술집 앞에 있는 조각상과 교회 앞에 있는 조각성을 보여주었답니다.

또 다른 이야기도 해볼게요. 벽돌 조적공 두 사람에게 지나가는 행인이 물었습니다. "뭐하십니까?" 그러자 한 사람은 "보면 몰라요? 벽돌을 쌓고 있잖아요"라고 답하고 다른 사람은 "아름다운 성당을 짓고 있습니다"라고 답합니다. 한 사람은 단순 노동으로 벽돌을 쌓는 사람이고, 다른 한 사람은 성스러운 성당을 만드는 사람이네요. 같은 일이지만 보람과 성취감, 느끼는 행복은 두 사람이 다르다는 걸 보여주는 이야기입니다.

미켈란젤로는 불멸의 밤을 보내며 작업열을 불타우면서 불후의 명작을 많이 남겼는데요, 누구나 하고 싶은 때에 하고 싶은 일만 하는 게 아니듯 그도 「최후의 심판」, 「천지창조」 등의 그림을 그릴 때는 자신을 저주했다고 해요. '조각가에게 회화를 주문하다니!', 처음 하는 일이라 설레지만 떨리고 두렵기도 했다고 하네요.

평소에 잘 해오던 일도 오랫동안 하다 보면 가슴 뛰고 잠 못 이루던 불멸의 밤은 어느 날엔가 사라지고 맙니다. 자신이 가진 재주로 돈과 명성까지 얻는 건 생각보다 중노동이에요. 우리가 탄 배가 목표에 도착할 때까지 우리는 이런저런 풍랑과 좌초를 겪게 됩니다. 이 길이 맞는 건지, 잘 가고 있는 건지, 회의도 들고 때로는 싫증이 나기도 하겠죠. 이런 생각이 들 때, 좀 더 여유를 갖고 무엇이 자신을 힘들게 하는지, 여러분이 원하는 삶의 가치가 무엇인지 생각해보세요. 목표와 걸어갈 길을 다시 한 번 점검하고, 관련된 공부를 계속해나가는 거죠. 긍정적인 에너지가 넘치는 사람을 만나는 것도 좋고요.

　이 일은 성장하는 모습이 나무를 닮아 뿌리가 깊고 넓으면 위의 가지도 높고 넓게 형성되어 잎도 많고 푸르게 자랍니다. 열매도 많이 열리고요. 흔들리지 않겠다며 마음을 단단히 먹거나, "바람은 항상 내 주위를 도는 존재"라 여기며, 다만 가지가 꺾이지 않도록 바람을 잘 타는 방법을 찾아보세요. 상록수라면 가지와 잎을 털어 눈 무게에 가지가 부러지지 않도록 하는 지혜를 스스로 쌓아가야 합니다.

우주의 일부로 지구에 핀 가든 디자이너

저는 '예쁘다'는 말보다 '우아하다'는 말을 더 좋아합니다. 아이러니가 따로 없지요. 제게 없는 우아함을 부러워하니까요. '우아한 외모나 말씨, 행동, 걸음걸이, 움직임…'과 실제 제 모습은 다릅니다. 직설적인 성격에 조심성이 없는데다 급하고 고집이 세죠. 화장은커녕 선크림마저도 잘 바르지 않아 디자이너라기보다는 시골 농사꾼에 더 어울립니다.

제 모습은 가꾸지 않더라도 디자인만큼은 실용성, 지속성, 안전성, 개성, 이 모든 것이 우아함으로 종결되어야 한다고 생각해요. 제가 생각하는 우아함에는 편안하고 편리한 아름다움이 담겨 있거든요. 미켈란젤로는 "조각은 불필요한 것을 제거하는 일"이며 물성 안에 있는 완벽한 형태를 꺼내는 것이라고 했습니다. 그가 꺼내놓은 조각품은 군더더기 없는 우아함의 결정체죠.

실용적이고 편리하지 않은 아름다움은 퇴색하게 마련입니다. 간혹 잘 만들어놓은 길이 아닌 곳으로 사람들이 자주 다니는 바람에 새로운 길이 생기기도 하는데요, 디자인이 사용자들에 의해 편하게 변형된 경우입니다. 이런 실례는 많아요. 따라서 길을 내선 안 되는 곳에는 식재 패턴이나 구조물을 매혹적으로 설치하여 관심과 동선을 유도해야 합니다. 이러한 기능과 역할을 하는 것이 바로 디자인입니다.

한때 영국적인 정원 스타일에 집착한 적이 있는데요. 영국 정원을 직접 보고 나서야 마음의 평정을 찾았습니다. 우리는 어느 한곳에 매일 필요가 없습니다. 한국 사람이라고 해서, 지금 사는 곳이 한국이라는 이유로 한국적인 것에 매일 필요도 없고, 영국 정원 문화가 발달했다고 해서 영국 정원에 매달릴 필요도 없어요. 비행기, 휴대폰, 인터넷, SNS로 지구가 하나의 생활권이 된 지금, 지역과 시간, 민족을 초월한 자기만의 개성이 필요합니다. 오늘은 스타일과 유행을 주도하는 개성 있는 디자인 시대입니다. 작가만의 독자적인 공간 지각 능력과 문제 해결 방식이 독특한 디자인의 배경이 되지요. 요즘에 저는 공간별로 "딱이다!"는 만족감이 들며, 그 집에서만 볼 수 있는 풍경에 집착하게 되었습니다.

제가 살고 있는 진천 집 정원을 잠깐 소개해도 될까요? 정원에서 올려다보면 앞산과 뒷산, 집과 나무 사이로 동그란 하늘이 들어옵니다. 이 밤하늘에는 7개의 별, 북두칠성이 담겨 있는데요. 지난 12월 겨울부터 북두칠성 손잡이 쪽이 시계방향으로 원을 그리며 $\frac{3}{4}$ 정도 회전한 상태입니다. 다시 12월이 오면 처음 만난 그 자리로 돌아오겠죠. 이 작은 마당이 1년 동안 북두칠성을 담고 있습니다. 마당이 우주의 일부이자 우주를 머금은 공간인 것이죠. 여러분, 지엽적이거나 작은 세상에서 나와, 깊고 넓은 안목을 키우도록 하세요. 세상의 크기는 알아갈수록 더 커집니다. 진천 하늘에서 도는 별을 보며 생각합니다. 내가 품고 있는 우주를, 그리고 나는 우주의 일부로 어떤 꽃인지를….

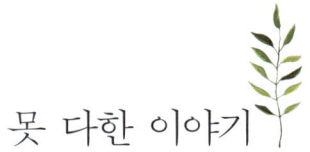

못 다한 이야기

작업을 하면서 지금 생각해도 웃음이 나고 놀라운 일을 많이 겪었습니다. 그 이야기를 조금 해볼까 해요. 여름에는 초복·중복·말복을 이은 삼복더위에 현장에서 더위와 사람이 싸우는 문제를 넘어 식재 보호에 날을 세웁니다. 현장에 도착한 엄청난 양의 식재를 심기 전에 마르거나 강한 햇빛에 시들지 않도록, 심어놓은 나무가 타들어가지 않도록 더위와 싸워야 하죠.

사천 공사에서 11t 윙바디 차에 차곡차곡 담겨 온 식재를 땡볕에 내려놓고 발만 동동 구르고 있는데 남자들 몇 명이 긴 장대를 세우고 검정 그늘막을 씌우는 게 아니에요? 이 일을 하기 전에는 남자와 여자가 하는 일의 영역과 특성이 다르다는 것을 인정하지 못했는데 힘에 있어서는 어쩔 수 없다는 생각이 들었습니다. 남자 혼자서 번쩍 드는 판석을 여자는 둘이 들어도 무거워서 힘을 못 쓰거든요. 가든 디자이너가 되려면 운동도 열심히 해야 해요. 그렇게 후다닥 드리워진 그늘막은 효과도 좋았습니다. 동료들과 그늘에 앉아 이런 저런 이야기를 나누며 사람도 식재도 잠시나마 더위를 피할 수 있었죠.

식재과정에서 오래 묵은 회화나무는 고령에 크기도 워낙 큰 데다 강전정*을 해서 볼품도 없고, 겨우 붙어 있는 잎도 말라가고 있었습니다. 버드

---

* 가지치기를 할 때 가지를 많이 잘라 내는 일.

나무과인 회화나무가 이식이 어려운 수종은 아니지만 워낙 고령에 뿌리분도 없고 가지도 없어 애처롭고 위태로운 상태라 이 나무 위에도 그늘막을 쳤습니다.

꽃을 심는다고 엎드린 등에 내리쬐는 햇볕이 따가운지, 가장 어린 가드너 아가씨가 종이 상자를 닌자거북 등딱지처럼 업고 식재하는 모습에 얼마나 웃었던지 지금도 복날이면 그때가 생각납니다. 삼복더위에는 물차를 불러 하루종일 먼저 심은 나무와 잔디밭에 물을 주는 것도 가뭄에 대처하며 시공하는 방법입니다. 땅을 절토하고 다지기엔 비가 가장 좋지만 긴 가뭄에는 마냥 비를 기다리며 공기를 늦출 수도 없는 일이라 포클레인 혹은 물차라도 불러서 물을 뿌려 다지지요.

꽃을 심는 기간 외에 토목과 시설물 공사 기간에는 30명이나 되는 인력 중 홍일점이었던 터라 남자들은 읍내 집 한 채와 모텔에서 묵을 때 혼자 풍광 좋고 시설 좋은 연수원에서 묵는 호사를 누리기도 했어요.

도심지 옥상 정원 시공 때는 더위도 극복해야 되지만 주정차 공간이 부족하고 크레인이나 사다리차조차 대기 어려워 고생을 하기도 합니다. 민원이 들어가 주차 위반 딱지를 떼고, 출퇴근 시간을 피해 경찰서에 도로점거 신청서를 내고 자동차 유인 교통정리를 하기도 하지요.

어떤 조경업자 분은 전원주택 도로를 지나다 바퀴가 밭가에 심겨진 배추를 뭉개며 지나가는 바람에 납득할 수 없는 금액을 물어주기도 했대요. 도로 우수관* 철망이 주저앉아 난데없는 복구공사를 한 적도 있습니다.

단독주택 입구 주차장 지붕 공사를 하는데 이웃집터 주인이 사람들을 이끌고 와 자신의 집에 들어가는 입구가 좁아 보인다고 지붕을 들여 만들

---

* 도시의 지하 구조물에서 빗물을 비롯하여 지상에 고인 물을 빼기 위해 설치한 관.

라는 시비가 붙기도 했죠. 의뢰인의 심성이 고와 시시비비를 가리지 않고, 결국 엄청난 돈을 손해 보면서 헐고 지붕을 안으로 들여서 다시 만들었습니다. 이웃집터 주인은 다른 옆집 사람들이 다니던 길도 자신의 땅이라며 빈터를 막고 사유재산의 권리를 찾던 사람인지라 얄밉고 화도 났지만 이웃과 얼굴을 붉히면 떠나야 하기에 참는다는 의뢰인의 고운 마음에 더 성심껏 작업했던 기억이 납니다.

옥상정원을 할 때는 가깝게 내리쬐는 태양을 피해 그늘막을 치거나 비를 대비해 천막을 쳐서 일의 효율성을 높이곤 합니다. 하지만 비 오는 날에는 일정에 쫓기는 특수한 경우만 빼고는 현장이 쉬지요. 그런 날이면 근처 볼 만한 곳을 관광하거나 민속축제를 즐기고, 현지 특산물을 사서 가족에게 부치기도 하는 등 짬짬이 휴가를 갖기도 한답니다.

"현장 가는 길에 이번에는 우포늪을 들러보자!" 남해에 간 김에 남해를 돌고, 강릉에서는 바닷가에 가서 회도 먹고 백사장을 거닐기도 하고, 선교장도 둘러봅니다. 겨울, 긴 동면 시기에는 팀 전체가 제주도로 물의 정원, 바람의 정원, 돌의 정원, 안도 다다오와 이타미 준(Itami Jun, 유동룡)의 건축물을 중심으로 투어하기도 하죠. 용인 현장에서는 주인에게 양해를 구하고 일본 나가사키로 정원 박람회도 갔습니다. 이번엔 영국 정원 투어, 다음, 그다음 갈 곳도 많고, 가보고 싶은 곳도 많죠. 또 가는 곳마다 공부도 되니 하루하루 즐거운 여행이고 나들이가 된답니다.

세상 이런 일이 또 있을까 싶지만 고민하고 견뎌야 하는 일도 있습니다. 한 번은 어린이집 놀이터를 키즈 가든 형태로 만드는 작업을 맡은 적이 있어요. 디자인 구상 단계에서 건설사와 조율하면서 어린이집에 따른 안전 규칙이나 관련법규가 있지 않나 물어보았죠. 건설사에서는 의무사항이 아니라 없다고 답하더군요. '따로 어린이집 규정에 따른 법규를 알아봐야지' 싶었는데 간과하고 지나쳐 낭패를 본 일이 있습니다. 놀이시설 설치 기준이 책으로 한 권인데, 작업 일정 문제와 더불어, 영유아 기준 60cm 높이에 안전대를 다 설치하고는 원안 디자인의 특성을 살릴 수 없어 계약을 파기한 일이 있었거든요. 손해를 보면서 초보를 면하는 거라 위로했지만 여러 가지로 많은 사람들의 입장을 곤란하게 만든 경험이었습니다.

점검해야 하는 것, 체크해야 하는 중요한 사항을 놓치면 여러 복잡한 문제에 봉착한다는 것을 깨달았어요. 의욕만 가지고 무조건 할 수 있다고 외칠 일만도 아니라는 것도요.

우리나라에 놀이터 디자인이라는 단어가 들어온 시기는 EBS에서 「위험한 놀이터로 오세요」 3부작 다큐에 소개된 독일 작가 귄터 벨찌히 Günter Beltzig가 2014년 전국을 돌면서 강연을 한 때부터인데요. 놀이터 정원을 만들어보려다 겪은 시행착오를 딛고 정원 놀이터 작업을 여러 학교에 제안했으나 예산상의 문제로 시도가 어려운 현실 역시 안타까웠습니다. 어린이 시설인 근화원에 멋진 무대를 디자인해주었으나 예산부족으로 시행되지 못했을 때도 서운한 마음을 감내해야 했죠.

비단 이 일뿐만 아니라 여러분이 꿈꾸는 그 어떤 일도 즐겁고 행복한 면이 있으면 이겨내고 고민해야 할 부분이 있습니다. 여러분이 선택할 직업의 한 면만 보고 맹목적으로 좇다가 실망하지 않았으면 해요. 고민과 어려움을 일부러 찾을 필요는 없지만 험난한 바위 산에서 피어나는 꽃도 있게 마련이니까요.

디자인과 시공

앞에서 정원의 역사와 가든 디자이너가 하는 일에 대해 알아보았는데요.
여러분이 가든 디자이너의 작업 영역을 조금이라도 더 친근하게 느끼길
바라며 쑥스럽지만 제가 참여했던 작업 중 일부를 보여드립니다.

송추랜드_ 모던한 건물에 어울리는 간결한 형태로 정원을 만들었습니다. 건물 주변 수로를 따라 수변 식
물과 그라스류를 식재했고요. 나머지 공간은 이 집에서 오래 자란 회양목을 비눗방울처럼 방울방울 모아
심었습니다. 낮은 뚝새풀을 잔디 대신 심어 간편하게 관리할 수 있도록 조성했습니다.

양평_ 개인주택 정원입니다. 산에서 내려오는 물길 위로 산책로를 내고 정원과 산이 자연스럽게 연결되도록 그라스와 어울리는 숙근초화류로 조성했지요.

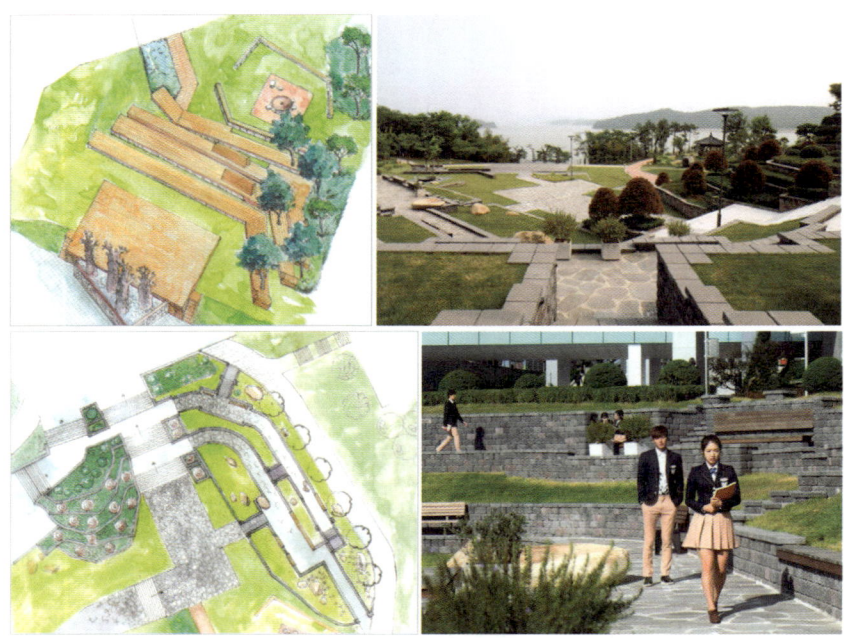

사천 무대 디자인과 완성작_ 원래 황토 사면지에 녹차밭이 있던 곳입니다. 단정원이란 이름으로 계단식 정원을 모던하게 만들어 잔디와 자연석 돌, 그라스로만 멋을 냈죠. 이름 그대로 단정한 정원입니다. 관람석이 부족할 때는 목재 데크 및 파도 구조의 좌석이 관람석으로 확장되는 공간입니다.

대구 꽃박람회 주제관_ 팔공산과 낙동강으로 휘어드는 대구를 상징적으로 표현했습니다. 기하학적 형태의 산과 7미터 높이 천정에서 흘러내리는 꽃비를 만들어 설치한 꽃박람회장 주제관 쇼 정원입니다.

개인회사 사옥 옥상_ 직원들의 쉼터가 되어줄 옥상 야생화 화단입니다. 많은 인원과 소규모 인원, 혼자서도 편하게 쉴 수 있도록 꾸몄습니다. 여성 직원들의 공간으로 로맨틱한 미니 하우스도 만들어 독서를 하거나 차를 마시고, 취미로 가드닝을 할 수 있도록 조성했지요. 지금은 직원들이 사무실에서 기르는 화분의 일광욕 공간이 되었다고 하네요.

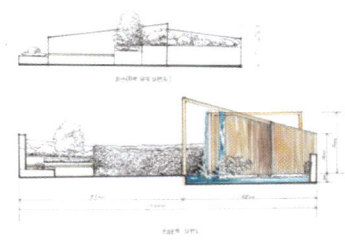

고양꽃박람회 미르_ 하늘의 은하수가 정원에 쏟아지는 것을 형상화한 곤충집 모양의 쉼터가 모던한 이미지로 연출된 쇼 정원으로 물, 바람, 소리를 보고 들을 수 있는 정원입니다.

이천 개인주택_ 3대를 위한 정원이라는 컨셉으로 손주 놀이터도 만들고, 주민과 화합하여 공연할 수 있는 공간도 만든 이 집은 놀이터에 있는 기린과 언밸런스한 대문이 사랑스러워요.

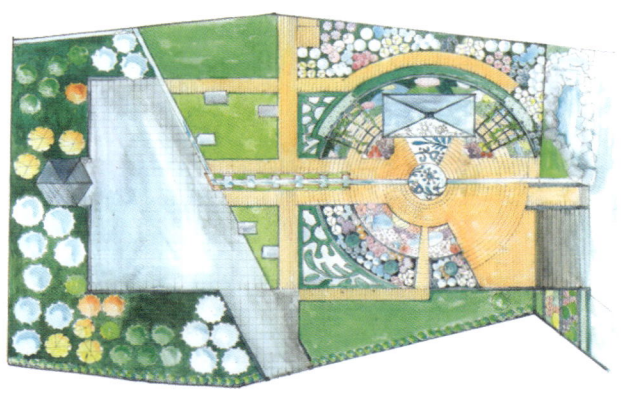

용인 주택정원_ 도시인들은 정원이나 마당에서 뱀이나 벌레가 나오는 것을 두려워합니다. 반면 이 집은 맨발로도 다닐 수 있도록 디자인한 것으로, 3가지 수공간이 멋진 곳이지요. 동판으로 기존의 대문과 단조 가재보를 보완하고 지붕 위에 닭을 얹어 풍향계를 만든 것, 사자 토출구를 만드느라 애쓴 기억과 추억이 많은 정원입니다.

운중동 개인주택_ 공동주택 1층 마당 정원으로 다양한 석물을 배치하고 화강암 판석으로 깔끔한 이미지를 연출했습니다. 담장 밖 산으로 이어진 개망초 밭과도 어우러지도록 모던하면서 내추럴한 분위기로 식재를 구성했지요. 느티나무 아래 쉼터 테이블, 벤치, 돌확*, 석물이 주는 중후한 멋과 주인의 아기자기한 취향이 활기를 불어넣은 공간이 되었습니다.

---

* 돌로 만든 조그만 절구.

우리 집 정원 디자인하기

1. 스토리 전개 방법으로 그리기

초등학교 시절 상상화를 그리거나 전개도를 그리듯이 펼쳐 그리기를 합니다.

마당 크기를 그리기 쉬운 100:1 스케일로 합니다(30센티미터 자 1cm는 실재 마당 크기 1m입니다).

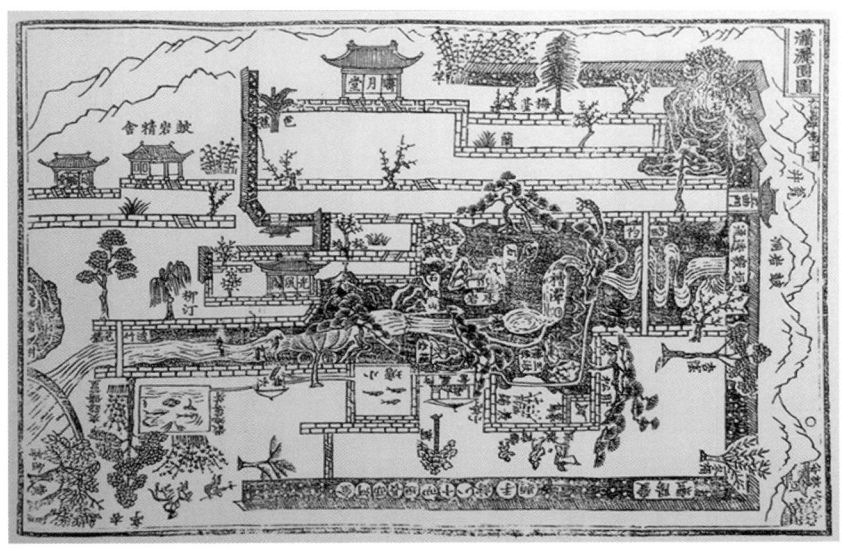

소쇄원 도면

① 전체 마당을 그립니다.

② 기존 건물과 구조물을 그립니다.

③ 꽃밭, 쉼터, 그늘집, 그네 같은 것을 둘 공간을 나누고 길을 그립니다.

④ 새로 지을 구조물이나 창고, 등을 그립니다.

⑤ 큰 나무 교목 → 작은 나무 관목 → 초화 순으로 그려서 배치합니다
　　(해당 식물의 느낌이 나도록 상상화 그리듯이 자유롭게 그리면 됩니다).

⑥ 크기 비교의 기준이 되는 사람도 그려 넣습니다.

⑦ 나무 이름 등 설명을 그림이나 여백에 적습니다.

2. 사진 위에 작업하기

사진을 찍어 더 진한 펜이나 마커 화이트 액으로 그려도 좋고, 태블릿이나 휴대폰 사진을 불러들여 그리는 방법도 있습니다.

사진을 찍어 그 위에 간략한 도면을 그렸습니다.

3. 간단 심벌 도면에 그리기/평면도

마당 크기를 그리기 쉬운 100:1 스케일로 축소하여 그립니다.

① 심벌 익히기(심벌은 문자처럼 의사를 전달하기 위한 약속입니다. 큰 원칙 안에서 자유롭게 만들 수 있어요).

　－ 교목은 낙엽활엽교목, 상록활엽교목, 낙엽침엽교목, 상록침엽교목으로 나누어 표기하지만 활엽수는 둥글게 처리하고, 침엽수는 바늘잎으로 뾰족하게 표기합니다.

　－ 관목 크기 표시는 수관폭 'W'나 키 'H'로 표기합니다.

② 교목 크기를 표시할 때는 대부분 근원직경* R(cm)×나무의 높이 H(m)로 표시합니다.

③ 시설물을 표시합니다.

④ 설명과 명칭을 적습니다(가로×세로×높이의 크기를 적어 보충 설명합니다).

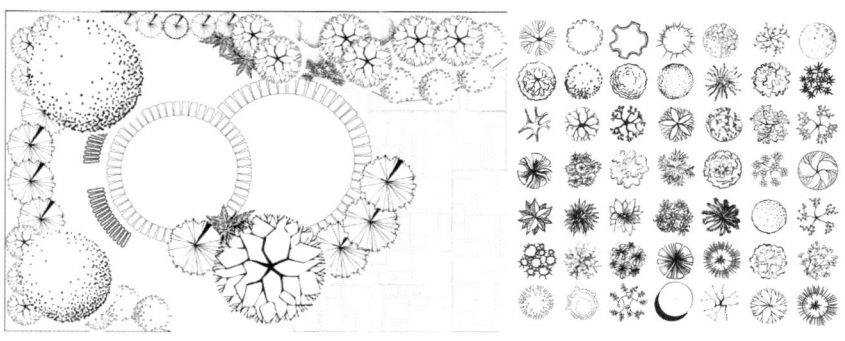

심벌로 그린 도면과 식재 심벌 예시입니다.

---

* 뿌리 부분의 나무 둘레.

보타니컬 아트
컬러링

|사진 출처|